U0622027

和孩子 一起成长

——一位幼儿教师的专业成长密码

杨玉娟·著

中国出版集团　现代出版社

图书在版编目（CIP）数据

和孩子一起成长：一位幼儿教师的专业成长密码 /

杨玉娟著. — 北京：现代出版社，2023.9

ISBN 978-7-5231-0487-3

Ⅰ.①和… Ⅱ.①杨… Ⅲ.①学前教育－教学研究

Ⅳ.①G612

中国国家版本馆CIP数据核字（2023）第150251号

和孩子一起成长：一位幼儿教师的专业成长密码

作　　者	杨玉娟	
责任编辑	吴永静	
出版发行	现代出版社	
地　　址	北京市安定门外安华里504号	
邮政编码	100011	
电　　话	010-64267325　64245264	
网　　址	www.1980xd.com	
印　　制	北京政采印刷服务有限公司	
开　　本	710mm×1000mm　1/16	
印　　张	14.5	
字　　数	215千字	
版　　次	2023年9月第1版　　2023年9月第1次印刷	
书　　号	ISBN 978-7-5231-0487-3	
定　　价	60.00元	

目 录

第一篇 论文硕果

"借形想象"——打响幼儿美术教学的突围大战 ………… 2

不要让家长成为孩子的代言人 ………………………… 6

跟随孩子做教育 ………………………………………… 10

好制度从教师中来 ……………………………………… 16

教师"会问",孩子才"会学" ……………………… 20

"四化"教学模式让孩子享受快乐体育 ……………… 23

"蚂蚁幼儿园"里的故事 ……………………………… 28

慢教育,幼儿园管理的当务之急 …………………… 33

让晨间点名既有意思又有意义 ……………………… 37

让跳跃成为最美的音符 ……………………………… 41

让真游戏回归 ………………………………………… 44

善待孩子身上那块"天使的吻痕" ………………… 49

手牵手 心连心 赢未来 …………………………… 53

问题变课题,用教研搬走教育难题 ……………… 58

强化"五字方针",打造育人精良之师 ………… 62

先"猜"后"讲",让一个故事呈现多个版本 …… 64

幼儿游戏中教师的六种角色 ……………………… 68

与孩子"斗"其乐无穷 …………………………… 73

在户外活动中培养幼儿的空间知觉能力 ……………………………… 76

珍爱生命，从关注生命教育开始 ………………………………………… 80

织密幼儿舌尖防护网 …………………………………………………… 84

只为生命的觉醒 ………………………………………………………… 89

第二篇　科学研究

"二三二"策略助力幼小衔接科学过渡 ………………………………… 104

"二三六一"幼儿教师培养模式的研究与实践 ………………………… 108

基于立德树人背景下幼儿园德育策略的实践研究 …………………… 114

游戏中"四维"介入策略的实践研究 ………………………………… 120

建立"成长档案" …………………………………………………… 126

调皮孩子转化策略 …………………………………………………… 133

"三跟进、两结合"，创新教师管理模式 …………………………… 137

"小方法，大智慧"，让阅读点亮孩子人生 ……………………… 142

"家园互动五法"，让家园联系更有效 …………………………… 146

制度"儿歌化"，唱响精细化管理主旋律 ……………………… 153

童话·童画　话画相长 …………………………………………… 157

第三篇　讲座学习

游戏案例撰写与解读策略 …………………………………………… 162

陪孩子玩好"抛接球" ……………………………………………… 177

在"活游戏"中"看见"儿童 ·························· 186

赴成都学习感悟 ································· 197

以"岛城之石"成就"菜乡之玉" ····················· 203

第四篇　感悟思考

蹲下来讲话，抱起来交流，牵着手教育 ················ 210

还给孩子游戏童年 ······························ 213

化蛹成蝶　历练生命 ··························· 216

狼群中的"领头马" ····························· 219

性格决定命运 ································· 221

永远走在时间的前面 ··························· 223

承担责任成就人生 ····························· 225

目录

第一篇

论文硕果

"借形想象"——打响幼儿美术教学的突围大战

3—6岁是培养幼儿绘画能力、动手能力的关键期，更是幼儿想象力和创造力发展的黄金阶段。作为一名幼儿园教师，要针对幼儿的年龄特点、认知特点，在教学实践中不断摸索、探求适合幼儿的美术教学方法，通过美术活动这个载体，培养幼儿感受美、表现美的能力。下面，笔者分享自己在幼儿美术教学中，运用"借形想象"教学法得到的一点感悟。

一、当前幼儿园美术教学现状分析

情景1：教师在教授幼儿画小鸡时，说："一个小圆是头，一个大圆是身体，加一个小三角是嘴巴。"

情景2：在一次绘画课上，教师将画好的范画张贴在画板上，全体幼儿聚精会神地临摹，教师边巡视边表扬孩子："画得真像！"

情景3：在一次意愿绘画课上，原来绘画水平较高的几个孩子难为情地对老师说："老师，我不会画。"

在情景1中，孩子学会了画小鸡，但是对小鸡却没有表现力；情景2中，教师简单地用"像不像""好不好"来评价幼儿作品，削弱了幼儿的表现力，让大家的作品变得千篇一律；情景3中，孩子们学会的仅仅是事物的形象，画意愿画时，出现了表现力受限的现象。

以上三个情景淋漓尽致地再现了当前幼儿园美术教学中存在的问题。对于造成这种现象的原因，在《幼儿园教育指导纲要（试行）》中，李文馥教授也进行了深刻的阐述：美术史的发展变迁过程是写实—象征—抽象，而儿童绘画发展进程则是抽象—象征—写实。正如皮亚杰论述的空间认知发展一样，科学史上的认知顺序是欧几里得几何—投影几何—拓扑几何；而儿童的空间认知发展顺序则是拓扑几何—投影几何—欧几里得几何。儿童美术发展过程和空间认知发展过程同样遵循着一定的客观发展规律，这种规律是不以人的意志为转移的。教育必须以儿童的发展规律为依据。

回望近五十多年的幼儿美术教育，不能不承认，我们是沿着反儿童绘画发展规律之道而行的。从孩子一入园就把他们置于"依样画葫芦"的写实樊篱，这种模仿樊篱如同如来佛的手掌，孩子们无论如何也跳不出去。把幼儿美术定位于写实模仿是遵循艺术史的起步程序，针对儿童美术的发展特点而言却是倒行逆施。所以说幼儿模仿式绘画教学是一种历史性的误会，这一误会就是大半个世纪。经年累积，被这种历史的误会所"误导"的儿童何止几十个亿！

俗话说"不破不立"，我们要敢于打破这种传统的教学模式，不断创新美术教学方法，培养幼儿对美的感受力和表现力。创造一种新的教学模式，成为一种必然趋势，而"借形想象"因其能够为幼儿提供无拘无束的想象空间，将成为一种创新的教学模式。

二、"借形想象"，让幼儿在想象中创造

生活中，我们都有过这样的经历：晴空万里，白云朵朵，飘浮的云彩一会儿像羊群，一会儿像树林，一会儿像笑脸……其实，这是我们依据云彩不断变化的轮廓形象，想象出了不同的事物，这便是"借形想象"的雏形。而利用"借形想象"的教学模式，培养幼儿的创造力和想象力，让幼儿在想象中创造、在创造中想象，将是打响幼儿美术教学的突围大战。

1. 平面添画法

1968年，美国内华达州一位叫伊迪丝的3岁小女孩儿告诉妈妈，她认识礼品盒上"OPEN"的第一个字母"O"。这位妈妈非常吃惊，问她是怎么认

识的。伊迪丝说："是维拉小姐教的。"这位母亲表扬了女儿之后，一纸诉状把维拉小姐所在的劳拉三世幼儿园告上了法庭，理由是该幼儿园剥夺了伊迪丝的想象力，因为她的女儿在认识"O"之前，能把"O"说成苹果、太阳、足球、鸟蛋之类的圆形东西，然而自从劳拉三世幼儿园教她的女儿识读了26个字母，伊迪丝便失去了这种能力。三个月后，劳拉三世幼儿园败诉！美国妈妈的做法，让我们看到了中美教育理念的差异：他们关注孩子的未来，我们关注孩子的现在。

而"借形想象"中的平面添画法，是指通过在原来图形的基础上添一个或者几个图形的形式，让孩子的思维不再"具象"，从而达到培养孩子想象力的目的。例如，在中班上学期的圆形添画课例中，孩子们通过添画，想象出了手表、太阳、娃娃笑脸、眼镜、盘子等20多种不同的事物，特别是佳妮小朋友通过在"〇"的前面和后面添加数字，使其形成了"2014"的样子，还有的小朋友添画出了"奥运五环"的图案，孩子们的想象力和创新力都有了很大的突破。这就是借"〇"的形，通过平面添画法的形式，进行的美术想象活动。对于大班幼儿，我们又提升了难度，要求在添画的基础上再添加情境，例如，孩子添画出"奥运五环"后，令其以"奥运五环"为主线索，进行想象，通过再添加"奥运会"情境的方式，进一步激发孩子的想象力和创作力。

2. 立体造型法

立体造型法是指通过为幼儿提供不同的可操作的材料，让幼儿通过拉一拉、团一团等形式，将材料变换成不同的形状，并在此基础上进行想象的一种"立体借形想象"。首先，我们组织教师、家长为幼儿收集易于造型的材料，例如铅丝、细铜丝、软铁丝、扭扭棒、金属线、胶皮线等，这些材料具有一定的柔软度，易于造型，并可以重复操作使用，便于让孩子们根据自己的意愿随意变化。例如，在一次地区级的创新优质课展示活动中，我们幼儿园展示了一节优秀教学活动，主题是"动物的魔法世界"。这是我们以大班下学期《幼儿创新智慧游戏课程》中《神奇的世界》的活动内容为依据，结合了省编幼儿园教师用书中《科学放大镜》的主题目标，自主开发的以培养幼儿借形想象能力、创新思维、发散思维为主要目标的新课程。这次活动就是借助好玩易变的铜丝，始终以"魔术的情境"贯穿，符合大班幼儿"喜欢问题情境"的年龄特点和认知特点，调动了幼儿的多种感官，幼儿用眼观察、动脑思考、动手操作，在拉一拉、团一团、变一变的操作过程中，开展一系列的创新思维活动，让幼儿在"借形想象"的基础上，培养良好的创新思维习惯。本次活动分三大部分：创设情境导入活动；认识铜丝，了解玩法；操作铜丝，创意思维。特别在第二大部分中，又分为三个层次：随意变、按要求变、变出自己喜欢的小动物。不论孩子如何变化铜丝、从哪个角度观察铜丝，都会想象出一种小动物的形象，孩子们的观察力和创新思维得到了提高，立体造型法是孩子们最为喜欢的一种教学形式。

3. 组合创新法

"组合创新法"，顾名思义，就是通过一系列的组合，使旧形象形成一种新的形象，让孩子们进行想象的一种方式。这种"借形想象"教学法，适合在中班下学期和大班幼儿中开展，要求孩子有一定的生活经验做基础。例如，我们以大班科学活动中《多变的图形》为载体，为幼儿提供了圆形、三角形、正方形、长方形、梯形等图形，让幼儿自选其中的图形进行组合，组合后的图形栩栩如生，如运动的人、踢球的孩子、房子、花朵等。另外，对于大班的孩子，我们还会鼓励他们进行情境添画，孩子们还会根据最后的图画，讲述一个个生动的故事。除了"图形借形想象"外，我们还利用将立体材料与其他材料组合的形式进行"借形想象"。例如在"动物的魔法世界"中最后的作品展示环节，就是把孩子们的铜丝造型，通过粘贴羽毛、即时贴等材料的方式让其形象更加生动活泼。

幼儿是天生的艺术家，而模仿画、简笔画等教学形式，是别人已经"嚼过"的东西，这会使孩子们失去独立的视觉思考与体验审美心理意象的机会，而"借形想象"这种崭新的教学形式，让孩子们在"天马行空"的想象中，通过经验再现、大胆想象与活跃思维，迸发出智慧的火花！

本文曾在《幼教园地》发表

不要让家长成为孩子的代言人

最近，一篇日志在微信朋友圈中疯传，说时值深秋季节，作者看到一群小学生有穿长袖的、有穿薄秋装的、有穿短袖的，其中有个小姑娘鹤立鸡群，竟然穿的是羽绒服。一个小男生问她为什么，只见她抬头以45°角仰望天空悠悠地说："有一种冷，叫你妈妈觉得你冷。"

北京一所学校也曾经发生过这样的一个例子，该学校搞了一次"帽子周"的主题活动，让孩子们研究帽子、制作帽子、欣赏帽子，戴着帽子上课、活动、玩耍等，活动最后的任务是制作一面帽子墙。而大部分制作精美的帽子，竟然是在家长的帮助下做成的，甚至是家长亲自制作的。这看似笑话的故事，却反映了一个很真实的教育现象。并且，在幼儿园中，这种家长代言、代劳的现象随处可见。

不论是《幼儿园教育指导纲要（试行）》（以下简称《纲要》），还是《3—6岁儿童学习与发展指南》（以下简称《指南》），"以人为本""自主发展"的理念都贯穿始终。而在现实生活中，很多孩子失去了自主思考、自主选择、自主发展的机会和权利，家长成为孩子一切事务的"代言人"。笔者认为，要让孩子拥有自主发展的空间，家长需要改变一下教育理念。

一、从"为幼儿做"的角色中解放出来，树立"让幼儿做"的意识

每年新生入园的时候，都会有让很多家长感到难为情的问题：我家孩子不会吃饭，我家孩子需要教师帮忙擦屁股，我家孩子需要教师帮忙穿衣

服……

我们曾布置给孩子一项亲子作业叫作"自制小书"。作业要求图画部分由孩子自己完成，文字部分由孩子口述家长帮助完成，但是90%以上的作业全部由家长代劳，甚至有的家长为了达到精美的效果，图画部分专门聘请了专业美术老师完成。

我们可以想象这样一幅景象：家长忙得焦头烂额，孩子玩得悠然自得。而这样的亲子作业带到幼儿园后，教师根本无法讲评，本来一次有意义的教学活动因为家长的代劳无果而终。

还有就是在亲子现场会的时候，幼儿园挖空心思准备亲子游戏、道具，而活动现场的景象却让教师哭笑不得。本来设计的亲子游戏，反而成了家长之间的激烈角逐，任凭教师一再强调，很多家长仍然我行我素。像这样的现象还有很多。

在《指南》中，三岁幼儿健康领域"动作发展"的目标和"生活习惯与生活能力"的目标分别指出：能熟练地用勺子吃饭；在别人的帮助下能穿脱衣服和鞋袜。

《指南》也建议，要鼓励幼儿做力所能及的事情，对幼儿的尝试与努力给予肯定，不因其做不好或做得慢而包办代替。指导幼儿学习和掌握生活自理的基本方法，如穿脱衣服和鞋袜、洗手洗脸、擦鼻涕、擦屁股的正确方法。

事实上，造成孩子在这些方面能力欠缺的原因，不在于孩子而在于家长。

例如，很多家长在幼儿就餐时，看到孩子洒得满桌、满地都是，就迫不及待地喂孩子，孩子在前面跑、家长在后面追的现象比比皆是。一些家长早上赶时间上班，面对穿衣磨蹭的孩子，不由分说，三下五除二就帮孩子穿上衣服，这种无视孩子发展需求、剥夺孩子发展权利的做法，对孩子的发展有百害而无一利。

家长应该从"为幼儿做"转向帮助孩子、指导孩子，给予孩子充分的时间和空间，用静待花开的心态等待孩子的慢慢成长。

二、从"关注现在"的功利中走出来，树立"着眼未来"的意识

近年来，社会上各种培训班如雨后春笋般兴起，孩子们对于童年的记忆便被禁锢在一间间索然无味的房间里。家长对孩子们学习的要求也达到了一个无以复加的境地。你的孩子背20首唐诗，我的孩子就要背30首；本来是小学的学习课程，提前到幼儿园教授，学拼音、做算术、认汉字等。对于这种现象，家长也显得无比委屈：别人家的孩子都在学，如果我家的孩子不学，就跟不上了。

家长的委屈也许有他自己认为成立的原因，但是，相比较于孩子的长远发展，这种忽视孩子的发展规律、追求即时效应的发展优势能持续多久？这样"催熟"的孩子还有多少后劲？重视孩子的认知发展，而忽视了孩子的情感和社会性发展，很多孩子因此没有养成良好的学习习惯而出现厌学的现象，滋生出的隐患很难消除。

幼儿教育的功能从本质上讲，是一种着眼于未来的奠基工程，具有潜在效应和长远效应。

家长必须改变对教育急功近利的急躁心态，要着眼于儿童发展的长远目标，重视培养那些对儿童一生产生影响的品质，为其后续学习和终身发展奠定基础。《纲要》中也指出，"教育必须既符合幼儿的现实需要，又有利于其长远发展"。家长必须从幼儿的发展实际出发，顺应孩子的发展规律，关注孩子的成长过程，为孩子的发展夯实基础。

三、从"我要你做"的意识中解放出来，帮助孩子树立起"我要做"的意识

在现实生活中，我遇到过这样的情景：妈妈带着三岁的熙然在公园遇到了几个熟悉的朋友带着孩子游玩，熙然妈妈便让孩子把好吃的东西分享给其他孩子，然而熙然却表现得很不情愿。熙然妈妈觉得很没有面子，当场教育熙然要懂得分享，但熙然却把东西藏在了身后。熙然妈妈不分青红皂白，

把孩子批评一气，在熙然仍然无动于衷的情况下，不由分说，抢过孩子的东西，"代劳"孩子进行分享，熙然大哭，大家都很尴尬无奈。

其实，对于3岁的孩子来说，他们还没有"分享"的概念，只有"我的"的概念，甚至别人的东西也是"我的"。这是由孩子的心理发展特点所决定的，是孩子必须经历的心理发展历程，不可跨越，不可逆转，也是孩子通往"学会分享"的必由之路。

我们经常说，要培养孩子的独立、分享、合作等精神，其实，我们在培养孩子这些品质时，有一个很大的误区，那就是没有意识到这些品质本身体现的是幼儿主体意识的觉醒，而我们却将这些品质作为一种外在要求，通过"我要你做""我教你做"这种外在的手段培养孩子的各种品质。

事实上，家长必须要遵循孩子的发展规律，让孩子把这些要求内化为一种内需的动力，让孩子萌发"我要做"的意识，循序渐进地培养孩子的良好品质。

瑞吉欧的教学法提出："教师和家长在与儿童交往时，既不提供解决问题的办法，也不能简单地让儿童自己想办法，而是用'知识借贷'来帮助儿童做他们自己难以完成的事情。"

在日常生活中，让家长学会放手是一件说起来容易、做起来难的事情，事事包办是一种急功近利的思想在作祟，更是家长以爱的名义在剥夺孩子的成长机会。我们都知道，孩子的学习特点是体验式学习，只有他亲自探索感知，才能建构起新经验。然而，许多时候，我们只是为了得到一个看起来不错的结果，而扼杀了孩子探索的积极性。

作为家长，要用顺应、引导、帮助的方法，取代"代言""代劳"的手段，静心陪伴，让孩子用自己喜欢的、符合成长规律的方式快乐成长。

本文曾在《中国教育报》发表

第一篇　论文硕果

跟随孩子做教育

　　近一周气温骤降，大三班的孩子们在户外活动时，惊喜地发现沙水区水缸里的水发生了变化，这一现象引起了许多小朋友的兴趣和讨论。顺势，我们一起投入对"水"的研究中，开展了一系列与水有关的活动，孩子们积累了一定的相关经验。

　　今天上午，我们一起挑战的是"冰中取宝"：在冰的中间有一个玩具，怎样才能轻松、快速地把玩具取出来呢？要知道，冰里面有男孩子女孩子都喜欢玩的魔尺，这可是我们班现在颇受欢迎的热门玩具！取出来，魔尺就是他们的了。

　　果然，孩子们的思维被迅速地调动起来，安静片刻后开始议论纷纷，争相发表自己的意见。

　　"老师，把冰砸碎。"航航边说边手握成拳上下挥动做砸冰状。

　　"不行，不行，这样会把魔尺砸坏的。"航航的话音刚落，立即遭到其他小朋友的反对。

　　"用锤子轻轻地砸呗。"航航的建议依旧没能得到大家的支持。

　　"把冰摔开？"

　　"更不行，那还不如用锤子砸呢。"

　　"用脚踩。"

　　"……"

　　孩子们的思路顺着航航的回答往下走，怎样帮助他们"拐个弯儿"呢？于是，我故作思考状自言自语地说："玩具在冰里，冰是怎么来的呢？"

几秒钟的静思与等待后，杰杰有些兴奋地大声说："老师，放到火上烤一烤！"其他的小朋友突然意识到了什么。

"往冰上倒热水！"

"放到太阳底下晒一晒！"孩子们越发积极。

"把冰放到被子里捂一捂！"小宇很得意地回答。孩子们的生活经验就是人冷了盖上被子就不冷了，所以被子里是暖和的，把冰放到暖和的被子里，冰就化得快了。

"放到被子里的冰真的会化得快吗？"这可是个有意思的问题！

让我们一起一一验证吧！

我像变魔术似的一下子又拿出五块一模一样的冰块，孩子们惊奇地睁大眼睛，只要魔尺成功取出就都是他们的了。

孩子们自由分成六组分别用六种方法进行实验：一块放在空调房（设置温度为20℃）；一块放在没有空调的洗漱间；一块放置在太阳底下；一块包上棉被；一块放在50℃的温水中；还有一块孩子们尝试用自己的力量取玩具。孩子们满怀期待投入观察实验中，还时不时地巡回串组了解各组冰块的最新变化。

五分钟过去，温水组最先沸腾起来。

"快看！快看！冰变小了，我们的冰变小了！"萱萱的惊呼声吸引了其他伙伴的围观。

"是呀，真的小了很多。"

"你们的冰化得真快，魔尺快要出来了。"许多小朋友忍不住用手指去动盆里的水和冰块。

"水一下子变凉了！"噢，这真是一个及时的发现，冰在热水中可以快速融化，融化的冰水可以让水温快速下降。我心中暗喜，这群小家伙真了不起，在有准备的环境和条件下，孩子们总会有自己的发现。

孩子们迫不及待地去查看其他五组的冰块，都没有什么变化。力量组的伙伴正绞尽脑汁尝试使用各种办法敲碎冰块。用手拍，用脚踩，用积木、铁盒、砖块敲，拿起冰块试探性地往地上摔，均宣告失败。

"老师，我们需要锤子，我们需要用比冰块硬的东西才能敲开它。"航航跑来向我求助。这个推理听起来很有逻辑性，于是我为他们找来了小铁锤。航航真是一个认真、坚持、不达目的绝不罢休的孩子，这样的学习品质必须得到我们的支持和鼓励。

二十分钟过去了，温水组终于取出了魔尺，他们兴奋不已："我们成功了，我们的办法最厉害！"他们炫耀着自己的成果，可以看出他们炫耀的并不是玩具本身，而是获得玩具的过程。

我建议孩子们将自己"冰中取宝"的方法、用时等进行记录。这时力量组的小朋友纷纷提出意见，表示放弃这种方法。面对他们及时调整思路的想法，我支持了他们。适时地放弃也是正确的决定，有时候硬碰硬并不是最佳的解决方法，孩子们在活动过程中能获得这样的经验也是无比宝贵的。

"孩子们，我们不着急，让我们用更多的时间等一等，看看其他几组的冰块什么时间可以发生变化。"活动暂时告一段落，进入随机观察阶段。

整个上午，孩子们的兴趣一直持续，一得空就像小蚂蚁似的在几组冰块间转一圈。课间操结束后，空调房冰块开始融化；午餐前，洗漱间冰块和太阳冰块几乎同时开始融化；棉被里的冰块却一直没有明显变化。

"小朋友们预测一下，接下来取出魔尺的顺序应该是怎样的？"孩子们纷纷说出自己的预测，预测要想得到验证还需要我们耐心等待。

午睡起床后，孩子们迫不及待地查看冰块。果然，空调房冰块已经融化，魔尺被成功取出。下午离园前，洗漱间冰块和太阳冰块中的魔尺也被成功取出。

"老师，为什么棉被冰块一点儿变化都没有呢？"航航大声问道。

"对呀，为什么呢？"我装作百思不得其解。

"为什么？为什么？为什么？"孩子们的好奇心再次被点燃。被子盖在身上热乎乎的，为什么盖在冰块上冰还化得慢了呢？

"让我们回家和爸爸妈妈一起查资料吧！"我笑着说，孩子们立刻明白了我的意思。

第二天一早，孩子们都带来了各自的答案，我知道他们有的是询问了爷爷奶奶，有的是在爸爸妈妈的帮助下上网查询，还有的是查看《十万个为什么》，他们互相交流着，声音里充满了对新发现的好奇与激动。

接下来是我们的分享活动，通过记录对比、交流讨论、教师引领，孩子们获得的经验有：

"温度越高，冰融化得越快，时间用得越少。"

"硬碰硬有时候并不能解决问题。"

"棉被可以保温，既可以保暖也可以保冷。"

孩子们推理得出：

"冰放在火上烤是可以快速融化的。"

"要想水变成冰，温度越低结冰越快。"

关于"水"的探索仍将继续，接下来的活动也许是"棉被的秘密"……

本次活动既有趣又有意义，幼儿的兴趣持续而高涨，教师的观察和引导适时而有效，整个活动过程中，教师和幼儿就像牵手漫游在一个科学王国，在教师有心无痕的引导下，孩子在重现原有生活经验的基础上，建构起了新经验，获得了新发展。下面笔者就幼儿、教师和活动方面提出几点反思。

【思考】

关于幼儿：

（1）亲近自然，喜欢探究。本活动是孩子们在户外活动时，发现沙水区水缸里的水发生了变化，孩子们对水结冰这种现象感到好奇而引发的科学探究主题活动。探索过程中，幼儿时时刻刻在问着为什么："水为什么会变成冰？""为什么棉被冰块一点儿都没有变化？"（对自己感兴趣的问题刨根问底）积极思考各种快速"冰中取物"的办法并分组进行观察实验（动手动脑寻找问题的答案）。孩子们从冰中成功取出玩具时欢呼"我们成功了，我们的办法最厉害"（在探索中有所发现时感到兴奋与满足）。

（2）具有初步的探究能力。六组不同方法的实验，让孩子们通过观察、比较了解"冰中取物"的有效方法和冰块融化前后的明显变化（能通过观察、比较与分析，发现并描述不同种类物体的特征或某个事物前后的变化）。每组将各自的方法、用时等进行记录（能用数字、图画、图表或其他

第一篇 论文硕果

符号记录，能够根据观察大胆猜测实验结果并耐心等待）。探究过程中孩子们互相配合，大胆发表自己的意见，交流自己的发现，出现的小矛盾也能在交流中及时解决（探究中能与他人合作交流）。

（3）在探究中认识周围事物和现象。通过本次活动孩子们获得了丰富的经验："温度越高，冰融化得越快，时间用得越短。""棉被可以保温，既可以保暖也可以保冷。""冰放在火上烤是可以快速融化的。""要想水变成冰，温度越低结冰越快"（能探索并发现常见的物理现象产生的条件或影响因素）。

关于教师：

（1）经常带幼儿接触大自然，激发其好奇心与探究欲望。拥有好奇心是一件伟大的事情，当幼儿惊喜地发现水缸里的水结冰后，教师及时抓住教育契机，通过"水为什么会变成冰？""水还能变成什么？"等语言引导、激发幼儿的探究兴趣，顺应幼儿的兴趣进行了系列科学探索活动。

（2）真诚地接纳、多方面支持和鼓励幼儿的探索行为。活动中，我为他们提供了相对自由的时间、空间和必需的实验材料，支持和鼓励幼儿在直接感知、亲身体验、实际操作中实施探索行为。

（3）通过提问等方式引导幼儿思考并对六组冰块的变化进行比较观察和连续观察。

（4）支持和鼓励幼儿在探究过程中积极动手动脑寻找答案、解决问题。孩子们需要铁锤，教师想办法提供。"老师，为什么棉被冰块一点儿都没有变化呢？""对呀，为什么呢？"我进行反问，将值得继续探究的问题抛回给孩子，激发幼儿的探究兴趣。

（5）引导幼儿学习做简单的记录，并与同伴交流分享。通过记录帮助幼儿丰富观察经验、建立事物之间的联系并分享发现，引导他们在交流中尝试整理、概括自己探究的结果，体验合作探究和发现的乐趣。

关于活动：

《3—6岁儿童学习与发展指南》中指出，幼儿科学学习的核心是激发探究兴趣、体验探究过程、发展初步的探究能力。本活动始于孩子们的生活发现，他们都以积极的态度参与活动，投入了极大的热情，得到了许多意想不到的收获，孩子们对科学探索的兴趣空前高涨，事实再次证明，兴趣是最好的老师。而我们教师最应该做的就是把握教育契机，通过适时适宜的启发引导，用"为什么"激发孩子的好奇心，让孩子在兴趣的引领下、在我们有准备的环境中体验探究的乐趣，获得初步的探究能力。

【后续活动】

（1）在区域中继续投放冰块、水温计、棉被等各种实验材料，支持幼儿对更多物理现象进行探索和研究，使幼儿的探索兴趣得以延续，好奇心得到满足。

（2）提供规范的记录表格，鼓励幼儿用绘画、符号、照片等形式记录观察和探究的过程与结果，更直观有效地帮助幼儿丰富观察经验、建立事物之间的联系。

（3）帮助幼儿回顾自己的探究过程，讨论自己做了什么、怎么做的、结果如何，分析原因并制订下一步的计划。

本文曾在《幼教园地》发表

第一篇

论文硕果

好制度从教师中来

幼儿园的管理制度是保障，但是只依靠制度的管理是失败的。如何让管理更人性化、让制度更温情，需要幼儿园制度的制定与管理更关注教师。

"大禹治水"是一个童叟皆知的故事。大禹的父亲鲧采用"堙"的办法治水九年而不功，而禹则通过因势疏导的办法，终于治水成功，为民谋福，被万代颂扬。这个故事也应引起现在的管理工作者的思考，科学规范的管理办法，是获得好的管理结果的决定性因素。作为一名幼儿园的管理者，在自己的管理工作中，应着力处理好以下三种关系："管"与"理"，"疏"与"堵"，"制度"与"人情"。

轻"管"重"理"

由"一日活动督查"到"找找班级创新点"，弱化管理者高姿态后管理效果事半功倍。

美国著名的管理学家泰勒说过，管理就是确切地知道要别人去做什么，并使他用最好的方法去做。

在我们的传统意识中，只要有管理的地方，就容易产生"对立面"，而"对立面"的产生永远都不会利于工作的开展，反而会在工作中产生负面影响。如何让管理者轻松、让被管理者愉悦？

管理者首先要做到的就是，放下高高在上的架子，轻"管"而重"理"，避免出现管得过多、管得过死、管得过严的现象。例如，笔者所在的寿光世纪学校幼儿园，原来幼儿园每天都要进行"一日活动督查"活动，只要管理者以"督查者"的身份进入班级，督查者和被督查者之间的关系就是紧张而对立的，长期下去会影响班级工作的积极性和主动性，教师们会出现严重的应付检查的心理，"只做你所检查的"成为教师们的一种固有心态，严重影响教师们创新性地开展工作。

为了改变这种现状，我们把"一日活动督查"改为"找找班级的创新点"活动，同样的一项活动，活动名称一变，没有了严肃和呆板，感觉到的只有轻松惬意。督查者再次走进班级后，没有了"针尖对麦芒"，没有了质问和解释，换来的是教师们的娓娓道来、和颜悦色。同样的活动目的，但是通过改变活动形式，我们收到了事半功倍的管理效果。

善"疏"勿"堵"

幼儿园工作繁杂琐碎，教师具有差异性，遇到问题越"堵"越淤结，因势疏导更能从根本上解决问题。

"大禹治水"给予我们最深刻的感悟就是"疏"和"堵"的区别。在管理中，我们也要深刻认识到越"堵"越崩溃的严重性。

幼儿园的管理工作涉及的领域广泛，教学、保育、考勤、卫生等，名目繁杂。因为教师的差异性，各项工作也表现出差异性，作为管理者要正确认识到这一点，不能搞"一刀切"。在笔者所在幼儿园，有一次突然有三名教师一起递交辞职报告，而这三名教师都是幼儿园各个领域的骨干力量，我非常不解。当问清楚她们辞职的原因时，我才恍然大悟。

原来三名辞职的教师中，一名是美术专职教师，负责整个幼儿园的美术教研活动和环境创设指导；另一名是英语教师，是外籍教师的协调员；还有一名是音乐专业毕业的教师，声乐基本功扎实。三名教师分别在自己的岗位上发挥着骨干作用，是幼儿园重要的师资力量。而学期末的时候，幼儿园举行教师基本功全能展示活动，弹、唱、跳、说、画五项基本功对于幼师专业的教师们来说是基本要求，但是，对于美术、声乐、英语专业的老师们来说，让她们展示不属于自己专业范围内的基本功，真的有些强人所难了。

于是我马上对工作思路进行了调整，首先向她们解释了五项基本功对于一名幼儿园教师的重要性，然后又讲到了基本功固然重要，但是作为一名教师，最重要的还是爱心、耐心、责任心。在肯定她们在自己岗位上的出色表现的同时，承诺给予她们学习的时间和空间，鼓励她们扬长避短、发挥自身优势，迎头赶上其他教师，就此打消了她们辞职的念头，最后皆大欢喜。

面对这个情况如果我们只是一味地要求她们五项全能的话，她们只能选择离开，而幼儿园也将失去一批骨干力量。有时候，用"疏"的方式解决了问题，才能在不断前行中欣赏路上的好风景。

要"制度"更要"人情"

制度的制定权、修订权都属于教师，更容易让教师接受、内化制度并和制度友好相处。

俗话说"无规矩不成方圆"，在管理工作中，制度是保障，是不可或缺的一把尺子。但是，只要制度的管理是失败的。如何让制度更具人性化，让制度充满温情，是一种艺术，也是一门学问。

在我们幼儿园里，一直有这样一种理念——制度取之于教师、用之于教师。制度的制定权、修订权都属于教师，制度在全体教师会上通过之后，人人都要遵守，这样的制度符合园情、师情、生情，在严格的背后透着人性的光芒，很容易被教师们所内化和接受。制度在一定意义上不是约束教师行为的东西，只是一种标杆和方向，让教师们和制度友好相处、互不冲撞。

但是，制度毕竟是制度，如果有教师违反了规定，在执行的时候也不能简单粗暴地对待，既要体现制度的责罚功能，又要体现出制度的人文关怀。我们幼儿园中的教师有过这样一个小故事，国庆调休周六需要继续上课，一名教师只设定了工作日的闹钟，而导致入园迟到半个小时。我们在处理这个事件的时候，也考虑到了这种因素，在对她的公示文件中，以"因闹钟提前进入国庆假期，出现'罢工服务'现象"的诙谐幽默语言表达，公示其迟到的原因，这位教师心服口服地接受了，重要的是其没有因此出现抵触情绪，实现了人与制度的和谐相处。

在幼儿园的管理过程中，我们为了鼓励教师修订不合理制度，设立了"金点子"信箱。例如在幼儿园一日作息时间安排中，"避免线状安排，应多进行块状安排"就是一名教师大胆提出的，这给予了各班更多灵活的时间和空间，班级管理工作更加规范。

本文曾在《中国教育报》发表

第一篇 论文硕果

教师"会问"，孩子才"会学"

《3—6岁幼儿学习与发展指南》中，"在集体教学活动中使用《指南》"篇章中，分析了我国幼儿园集体教学中存在的六个问题，其中第五个问题是"教学过程缺乏有效的师幼互动，'启发引导'不足，'灌输控制'有余，幼儿多处于被动学习状态"。笔者也充分认识到提问在集体教学活动中的重要性，并在自己的教学中进行了探索与实践，下面以幼儿园语言领域的教学活动为例，阐述教师应该如何设计提问，如何通过有效提问促进良好的师幼互动。

在语言领域的教学中，教师的提问模式化现象较严重，大部分教师只会简单地提问："你听到故事里有谁？故事讲了一件什么事情？"这样的问题对孩子来说没有探究价值，不需要经过思考便能得到答案，对孩子没有挑战性，不能让孩子在原有经验基础上得到提升。为了让教师的提问更有效，我在教学中做到了"三个转化"。

一、选择性提问向开放性提问的转化

在教学活动中，很多教师们经常习惯性地提问"好不好""是不是""对不对"等问题，孩子受其年龄特点和语言发展特点的影响，只关注后面的问话，一律回答"对""是""好"，这样的提问让孩子不经过任何思考，便可以脱口而出进行回答，孩子没有经历一个思考的过程，不能获得任何发展和提升。为了避免这种情况的出现，我们首先要引导教师改掉固有的提问习惯，根据教学目标、教学重点、教学难点，深挖教材，通过设计有价值的提问，来激发孩子学习和参与的积极性。例如在《花婆婆》故事中，导入部分就抛出问题："你觉得花婆婆是一个怎样的人？"孩子们的回答非常丰富，"是种花的""是买花的""是喜欢花的"，等等，教师既为孩子提供了一个说话的环境，又满足了孩子表达的欲望，在这样一个激烈的讨论下，教师自然地转入下一个环节："那我们来听故事，听一听，花婆婆到底是一个怎样的人？"在这种情况下，孩子急于知道花婆婆到底是做什么的，带着自己关注的问题听故事，往往会起到事半功倍的效果，也为下一步更好地进行师幼互动做好了铺垫。此外，在许多有悬念的语言教学中，还可以设计"你认为应当怎么做""谁的方法好？假如是你会怎么办""关于这个问题你还有其他看法吗"等开放性问题。

二、预设性提问向生成性提问的转化

在幼儿园的语言教学中，对于目标的制定我们倾向于三个维度：知识目标、技能目标和情感目标，而在幼儿园的以往课堂教学中，存在重知识技能目标、轻情感目标的现象，而情感目标正是教学活动中需要提升的精髓所在，教师只是按照预定的目标进行教学，对于孩子突然抛过来的球不敢接，出现了教师的提问生硬、牵强的现象。在日常的教学活动中，我们只有关注了孩子的情感生成问题，才能使教学活动绽放异彩。例如在《萝卜回来了》这个故事中，我们设计的生成问题是"你认为好朋友之间应该怎样相处呢"，这样的问题才能让孩子整合自己的现有经验，并且在和同伴分享的过程中建构起新经验，同时培养了孩子连贯说话的能力。重要的是，让孩子通过这样的一个提问，知道了在现实生活中怎样跟朋友友好相处，从而使故事的情感目标很好地达成，使故事的主题得到了升华。例如故事《老鼠娶新娘》，主要让孩子明白万事万物之间相生相克的道理，风吹走了云，云遮住了太阳，墙挡住了风等，如果单纯让孩子记住故事情节，仅仅只是达成了知识目标而已。为了让孩子了解故事蕴含的深刻哲理，就需要教师设计提问进行引导，"你觉得谁是世界上最强的新郎"，孩子根据自己最初的理解，不论说出什么答案，都会有比他更强的东西，在不断的循环中，孩子终于明白了一个道理：世界上没有最强的东西。为了让这种思想深入孩子的人心，我们又设计了"迁移感受"环节，继续提问"你身上最强的长处是什么""你好朋友最强的长处是什么""怎样让自己变得更强"等，从而让孩子正确认识自己和别人。活动结束了，而孩子们也得到了远远超过故事本身所蕴含的价值。

三、关注个体提问向面向全体提问的转化

在这个环节中我们秉持的理念就是：课堂上有多少个孩子，就有多少种不同的声音，要真正保证让每个孩子都有参与的机会。如在大班的《十二生肖》《百家姓》等语言课程中，每个孩子都有自己的生肖和姓名，所以，课程一开始，我们就让每个孩子都说出自己的生肖和姓名，有多少个孩子就有多少种不同的答案。此外，我们还要设计面向全体孩子的提问，可以让孩子叽叽喳喳地讨论，激发孩子参与的积极性。

苏联心理学家维果茨基的"最近发展区"理论对于如何设计提问有重要的指导意义，如果把问题提在幼儿"现实发展区"，幼儿不经过思考就能作出回答，对他们的发展无所裨益，有的孩子因为提问太简单而不屑一顾；如果提的问题太难，孩子经过努力仍不得其解，也只会挫伤其学习的积极性。因此要把问题提得比幼儿的现实发展水平略高一些，使他们"跳一跳，够得着"，难易相当，将"最近发展区"转化为"现实发展区"。教师在设计问题时要考虑到幼儿已有的知识基础、接受水平和理解能力等情况，向幼儿提出的问题，其难易程度应在幼儿的"最近发展区"内，保证在难不倒孩子的基础上，让孩子经历一个积极思考的过程并积极与教师回应与互动，让孩子在原有水平的基础上得到提升。

让我们做一个"会问"的教师吧，只有巧妙地问，才能够激发幼儿的思维和想象，形成良好的师幼互动，提高教学活动有效性，把教学活动推向深入。

本文曾在《中国教育报》发表

"四化"教学模式让孩子享受快乐体育

一、"快乐体育"活动开展的背景

《幼儿园教育指导纲要（试行）》中明确指出：幼儿园必须把保护幼儿的生命和促进幼儿的健康放在工作的首位。著名的幼儿教育专家陈鹤琴老先生也说过，身心健康是最大的资本，民族健康是一个国家最大的资本。他还说，强种必先强身，要强身必先注意年幼儿童。由此可以看出健康活动在幼儿园各大领域活动中的重要性。而如何组织幼儿园的健康活动，如何让健康活动成为孩子强身健体的良好载体，成为摆在我们面前的一个很重要的任务。

随着国际范围内各种传染性疾病的不断出现和当前社会竞争力的不断增强，人们对拥有健康体魄和珍惜生命有了更高层次的认识，通过加强体育锻炼增强体质成为人们普遍关注的话题。

让幼儿教育回归自然，让孩子拥有一个快乐童年，是当前学前教育所追求的教育目标，不断挖掘"民间体育游戏"的魅力和内涵，使其成为幼儿园健康领域教学活动的有益补充，是当前幼儿教育改革的必然趋势。

二、"快乐体育"活动实施内容

在过去的几年时间里，我们组织健康领域的教师进行了有益的探索，在开展快乐体育活动的同时，不断增强幼儿体质，让孩子拥有一个健康的体魄。

（一）晨间锻炼全员化

"快乐"是我们幼儿园体育活动的宗旨，让孩子在丰富多彩的体育活动中体验快乐，在快乐中参与活动。

晨间锻炼是我们幼儿园体育锻炼的一道亮丽风景线。我们幼儿园是一所寄宿制的幼儿园，50%的孩子在幼儿园连续待一周，所以我们应该更加关注孩子的身心健康问题。在一日活动的安排中，我们除了保证幼儿两个小时的户外活动时间外，还充分利用早上起床后的时间进行晨间锻炼，根据小、中、大班不同年龄段孩子的身心发展特点，设计不同活动强度和活动密度的运动项目。例如，小班的孩子，我们主要开展以"模仿小动物形象"为主的简单运动；中班的孩子，我们加入了走、跳等技能动作；大班的孩子，在此基础上又增加了跑及合作的动作要求，在尊重幼儿个体差异的基础上，让每个年龄段的孩子都得到最大限度的发展。

（二）健康活动模式化

体育课是幼儿园健康活动的主要实施渠道，是幼儿园组织孩子达成活动目标的最直接、最显性的形式之一，为了保证体育活动的时效性，我们对体育活动的模式进行了探索，分为以下四个步骤。

1. 突破重难点

我们分不同的级部举行研讨活动，根据活动的目标，对活动的难点和重点进行突破。例如，在"小椅子的创新玩法"这个教学活动中，活动的重点是让孩子掌握跨越的动作技巧，难点是让孩子连续跨越两个障碍物。明确了重点和难点，我们有针对性地进行了讨论，让教师的规则要求更加明确，并且增加了练习的次数，让孩子更好地掌握以上两个技能，很好地突破了重点和难点。

2. 准备活动

进行器械的准备和场地的准备，器械要符合教学活动的目标达成条件，做到数量充足，为教学活动提供更好的服务；场地的准备要符合安全的原则。

3. 具体实施

实施过程主要分为热身运动、基本活动和放松活动三个阶段。

（1）热身运动是活动的开始部分，主要作用是让孩子活动各个关节，避免在活动中受到不必要的伤害，在这个环节中，我们为孩子营造运动的氛围，播放适合运动的音乐，激发孩子的活动兴趣，在小班主要开展原地的舒展性运动，例如手腕、脚腕、脖颈的转动、下蹲等；中大班的幼儿主要开展一些有氧运动，例如绕场跑、队列队形的练习等。

（2）在基本活动中，主要分尝试（感知体验）、认知（形象表征）、实践（巩固练习）、拓展（技能提升）四个步骤。在让孩子尝试的环节，一定要放手给孩子自由创新的空间，这个环节是最重要的，教师要及时给予孩子鼓励和肯定；在让孩子进行认知的时候，我们遵循简明扼要的原则，但是动作的示范一定要规范到位；实践的环节，主班教师和配班教师一定要随时观察孩子参与活动的情况，注重个体差异，并且关注孩子参与活动的安全情况；拓展环节主要是通过分组竞赛或分组展示的形式，培养孩子的小组合作意识和参与竞争意识，并灌输给孩子友谊第一、比赛第二的思想，让孩子用正确的心态投入竞赛活动中。

（3）在放松活动阶段，我们会为孩子播放节奏轻缓的音乐，主要是为了让幼儿有一个逐步缓解紧张的过程，运动量得以调整和控制，让幼儿的身心得到放松。

4. 反馈反思

主要是教师对活动进行简单的讲评，肯定孩子在活动中的表现，并提出期望。并且教师也要在课后进行教学活动的反思，便于及时调整下次活动的内容及教学方法，不断提高自己的教学水平。

（三）民间游戏生活化

民间体育游戏作为传统文化的一部分，以其独有的特点及价值，在幼儿发展中起着十分重要的积极作用。民间体育游戏是幼儿园活动中不可多得的可利用的民族文化教育资源。由于民间体育游戏所表现的内容贴近自然、贴近儿童的现实生活而被孩子深深喜爱。所以，在实践工作中，我们不断寻找民间体育游戏与健康活动的完美结合方式，把民间体育游戏作为我园健康课的有益补充。

《幼儿园工作规程》中明确规定，"幼儿的户外活动时间不得少于两小时，寄宿制幼儿园不得少于三小时"，所以，我们对幼儿园的户外活动时间进行了科学划分，并且根据寄宿制幼儿园的特点，把课间操后的时间规定为"民间体育游戏时间"，让全体师生参与到民间体育游戏中来。

在民间体育游戏的收集上，我们动员全体教师和家长一起动手，收集了适合不同年龄段孩子的民间游戏，例如在小班，我们组织孩子玩"切西瓜""木头人""炒黄豆""石头、剪刀、布""老狼老狼几点了"等；在中大班，我们组织孩子开展"丢手绢""老鹰捉小鸡""贴树皮""丢沙包""瞎子摸象""抬花轿""城门城门几丈高""占四角""网小鱼""猫捉老鼠"等。以上游戏活动的开展，既可以促进幼儿走、跑、跳、投掷、平衡、钻爬等大肌肉动作发展，又能训练幼儿的平衡能力，使幼儿身体和谐地发育，同时还锻炼了手的小肌肉群和手眼协调。

活动内容的安排上需要遵循：首先是动静交替的原则，例如在开展完老鹰捉小鸡的游戏后，我们会随机安排"抓沙包""翻绳"等比较安静的游戏，合理安排活动的强度和密度；其次是提升孩子的语言表达能力原则，游戏中的儿歌趣味性强，有节奏感，朗朗上口，例如，在玩"炒黄豆"的游戏时，孩子们边玩边说儿歌，"炒、炒、炒黄豆，噼里啪啦翻跟头"，在这个过程中，两人边唱儿歌边拍手，让孩子们的心情愉快，增进了同伴间的情感交流；最后是减少幼儿的等待时间原则，在开展民间游戏活动时，我们选择了能让大多数孩子同时参与的活动，让孩子们时刻保持积极性，恰到好处地将各类民间游戏渗透于幼儿一日活动中，让幼儿在玩中学、在学中玩，促进其身心和谐发展。

（四）体育器械多元化

幼儿的创新意识是从内部诱发的，而不是外加的。我们为孩子提供的体育器械在活动时尽可能让孩子有选择的机会，诱发孩子的创新意识。

1. 一种体育器械，让孩子想出多种多样的玩法

如：《好玩的易拉罐》，同样是孩子搭建城堡的游戏，一种方法是教师提出活动的内容、搭建的方法，教师组织完成；另一种方法是放手给孩子，由孩子自己想出活动的内容，自己设计，自己组织搭建。可见，在第二种方法中，孩子是课程生成者，教师挖掘出了游戏所蕴含的潜在的创新教育因素。在活动中，孩子们大胆地探索易拉罐的玩法，搭着玩、滚着玩、传着玩、个人玩、小组玩、集体玩等。通过探索培养了孩子的创新能力。

2. 一动多变，即一个动作，让孩子想出多变的方法

如："谁的方法多"让孩子按照自己的意愿进行活动，"地毯爬行"可以手脚并用着地爬、坐爬、跪爬、侧爬、匍匐爬等。要把重点放在让孩子运用已有的知识和生活经验创造性地解决问题、开展创新活动上，不要把重点放在教授新的知识上；重点放在加强孩子的创新性发散思维的培养上，不要把重点放在集中思维训练上。要重过程，不要重结果，重点是在过程中培养幼儿的创新思维，而不要注重游戏的结果，这对幼儿的发展来说特别重要。

三、"快乐体育"活动取得的成效

幼儿园体育活动开展的目的不是培养专业的体育人才，而是让孩子们从活动中获得快乐，经过一年的实施活动，幼儿园在体育活动方面取得了如下成效。

（1）在快乐的体育活动中促进了幼儿身心和谐的发展，提高了孩子参与体育活动的兴趣和积极性，让每个幼儿活泼、自信、乐观、强壮。

（2）挖掘民间游戏并且同幼儿园体育活动相互融合，让孩子们拥有了大量的自主活动时间与空间，孩子们打闹的少了，合作的多了，班级氛围其乐融融。

（3）体育器械的多元化，让教师充分发挥想象力与创造力，进行废物再利用，节省了大量资金，实现了一物多玩的目标。

（4）教师们以体育教学为载体，不断进行教学方法的研究与探讨，刘玉泉老师被评为潍坊健康领域带头人，多次为省市学前教育现场会提供公开教学。

第一篇 论文硕果

"蚂蚁幼儿园"里的故事

——皮亚杰建构主义理论在教学实践中的应用

皮亚杰在建构主义理论中指出："儿童是在与周围环境相互作用的过程中逐步建构起关于外部世界的知识，从而使自身认知结构得到发展的。"所以，在教学实践中，我们既要关注预定课程目标的实现，更要关注生成课程的实施，让孩子们在主动探索、主动发现、主动建构的过程中，通过直接感知、实际操作和亲身体验获取新经验，从而在有意义且有意思的活动中实现新经验的建构。

在以往的教学实践中，我坚持用皮亚杰的建构主义理论指导自己，并学以致用，跟孩子一起成长，下面是我在幼儿一日活动中的生成案例。

一、案例

"蚂蚁幼儿园"里的故事

春末的一个温暖和煦的早上，阳光很好，我跟往常一样，迎接着一个又一个陆续来园的孩子们，孩子们到园后，也跟往常一样，迅速进入我们班级的活动场地，在配班教师韩老师的带领下，做起了丢手绢等别有风趣的游戏。

忽然，随着杜志浩小朋友的一声吆喝，孩子们竟然全部跑到了场地的一个角落处，而任凭韩老师如何组织，还有三五个孩子不肯进入游戏中，我看见了这种情景，忙走过去，想看个究竟。

原来是杜志浩小朋友入园后，在放书包的时候，发现了场地边上有好多好多的蚂蚁，他从来没有见过如此多的蚂蚁，所以，便惊讶地吆喝起来，以至把所有游戏中的孩子们都吸引了过来。看到一大群熙熙攘攘、不断往往来来的蚂蚁，看到孩子们那么渴望的眼睛，我便跟韩老师商量，我们换个角色，让韩老师去接园，我让孩子们去继续探讨他们意犹未尽的"蚂蚁乐园"里的事情。

杜志浩："今天这里怎么有这么多的蚂蚁？"

隋爱茹："它们是从哪里来的呀？"（关注蚂蚁生活的地点）

杜志浩："应该是从草里爬出来的吧？"

李梓萌："那昨天怎么没有爬出来呢？"（质疑）

冯文浩："我们一起找找蚂蚁的家吧！"

张朝阳："蚂蚁的家肯定就在附近吧，要不，它们这么小，怎么会爬到这里来呢？"

孩子们听到张朝阳的提议，于是便在附近找起了蚂蚁的家。

找了一会儿没有找到，孩子们感觉没有头绪了，王帅宇便说，"我们看看蚂蚁往哪里爬，哪里肯定有蚂蚁的家啊。"

在这个提议下，孩子们便静静地观察蚂蚁的走向，想尽快找到蚂蚁的家。

因为场地的周边有绿化带，孩子们想找到蚂蚁的家有点费劲。于是，我便走过去，一声不响地用树枝将树叶等东西简单地进行了清除。（教师参与，发挥指导者的作用）

经过了很短的时间后，还是杜志浩小朋友率先非常惊喜地喊了起来，"找到了，找到了，蚂蚁爬进了一个洞洞里"，随着杜志浩小朋友的叫声，孩子们便又集中了过来，看看蚂蚁的家到底是什么样子的。

看到孩子们找到了蚂蚁的家，我装作惊讶地说："噢，原来蚂蚁的家在洞穴里啊！"（教师帮助总结，提升）

聪明的隋爱茹接着说："老师，蚂蚁小朋友们都住在一起呢！"我一听，便问孩子们："你们怎么知道蚂蚁小朋友都住在一起呢？"隋爱茹说：

"因为它们都进了一个洞穴里呢！"（孩子们原来经验中的洞洞也变成了新经验中的洞穴，孩子自我建构后，教师帮助提升的效果非常明显）

我接着说："这一群蚂蚁小朋友都住在一起，它们喜欢群居呢！"（新经验）

"老师，小蚂蚁怎么也有往这边爬的，也有往那边爬的呀"

随着冯立坤的一句话，孩子们也叽叽喳喳地嚷起来，"它们有的出去玩，玩累了回家的，也有刚刚出去玩的吧"，哈哈，孩子们真的把小蚂蚁的活动想象成了小朋友们平时的生活（经验迁移），这个时候，杜志浩小朋友说，"回家的小蚂蚁都在运食物，出去的小蚂蚁没有运食物"，这个时候，所有的孩子又把观察的重点放在了有没有食物这个现象上，他们又嚷了起来，"小蚂蚁不是出去玩，它们在运食物呢"（新知识建构）。

隋爱茹："昨天它们怎么没有运食物啊？"

其实，我昨天已经关注过天气预报，今天的天气状况是晴转阴，有小雨，虽然早上的天气温暖和煦，阳光很好，但是，一会儿可能会阴天，不过，这个答案我现在还不能跟孩子们说，等阴天了、下雨了再讲这个问题，孩子们对蚂蚁的特点认识会更加深刻。

这个时候，已经到了早餐时间了，但是孩子们却没有一丁点想去吃饭的意思，还是意犹未尽地讨论着，真是一派热火朝天的架势呢。

为了不打断孩子们的思路，我决定推迟孩子们的吃饭时间，便跟伙房师傅打招呼，我们班早餐时间推迟10分钟。

果然，孩子们还是议论纷纷：它们昨天的食物没有吃完；它们昨天有其他的事情；它们昨天去幼儿园了，今天休息吧。虽然孩子们的讨论没有转入主题中来，但是，我却非常欣喜于看到了孩子们如此丰富的想象力，我想，孩子们的自我经验的建构，离不开教师的指导和介入，我会找一个更加合适的机会，让孩子们的新经验再次建构起来的。

随着孩子们的讨论越来越激烈，有很多的孩子还关注了蚂蚁有几条腿、它们怎么吃东西等问题，我怕让孩子们耽误太长时间影响吃饭，便及时介入，跟孩子们说："孩子们，小蚂蚁也要回家吃饭了，小朋友的吃饭时间也到了，等我们吃完饭再来看小蚂蚁好不好。"孩子们便一路讨论一路欢快地回到了教室中。

二、后记

为了让孩子们更加深刻地认识到小蚂蚁的其他特点和生活习性，了解到关于小蚂蚁的更多常识，早饭后，我对教学计划进行了调整，上午的集体教学时间改为户外活动时间，让孩子们继续跟小蚂蚁对话，让孩子们跟小蚂蚁交朋友，孩子们学到了在课堂教学中无法学到的知识。通过让孩子进行自我经验的建构，更加激发了孩子们的求知欲和想象力，提高了孩子们的学习品质，让孩子们学会学习、学会合作、学到了受用终身的东西。

随着午后的到来，天空中果然飘下了一场小雨，于是，我又及时地对孩子们上午讨论未果的话题进行了引导，孩子们又进一步了解了小蚂蚁跟天气的关系。

孩子们从那天开始，每天都去寻找小蚂蚁，他们把小蚂蚁出没的地方，亲切地称为"小蚂蚁幼儿园"。

三、收获与反思

通过这次案例，我也进一步调整了自己的教学思路，深刻明白了理论与实际相结合的重要性。皮亚杰的建构主义理论让我们更加明确地认识到了孩子的认知特点，了解了孩子的认知水平，让孩子们在自主的动手操作中独立建构知识，能够帮助儿童提升提出问题的技能，发生认知冲突、解决认知冲突，从而建构起新经验。

另外，皮亚杰的建构主义理论，也让我们更加明白了，不要急于教给孩子们知识，而是要特别尊重儿童已有的发展水平，设立一个就近发展区，让孩子们跳一跳就能够得着，让孩子获得成功的体验，遵循幼儿的发展规律，满足幼儿的兴趣和需要。

此外，《3—6岁儿童学习与发展指南》中指出，"幼儿学习的主要特点是做中学、玩中学、生活中学"。幼儿的这一学习特点是由其年龄特点、认知特征、所持经验的特征等决定的，幼儿只有这样学习才能学得有趣、学得有效、学得有用。作为教师，就要尊重幼儿的学习特点和学习方式，真正做到幼儿为本，努力地为幼儿创造一个可以让他们从容地从"量变"到"质变"的环境，让每一个幼儿都可以按照自己的速度、自己的节奏获得实实在在的发展。

本文曾在《中国教育报》发表

慢教育，幼儿园管理的当务之急

在《3—6岁儿童学习与发展指南》中，出现了具有温情关怀特点的词语，诸如：科学保教、合理期望、让幼儿度过快乐而有意义的童年等。这顿时让人感觉，教育不再是一件急匆匆的事情。无独有偶，偶然的一次机会，我拜读了台湾女作家龙应台的美文《孩子，你慢慢来》，在文中，她动情地写道："我坐在斜阳浅照的台阶上，望着这个眼睛漂亮的小孩专心地做一件事。是的，我愿意等上一辈子的时间，让她从从容容地把这个蝴蝶结扎好，用她5岁的手指。孩子，你慢慢来，慢慢来。"其实，在这段美妙的文字下，隐藏着一种更美丽的情结和信息，那就是"慢教育"。

作为一名幼教工作者，我回顾自己20多年的工作经历，总体的感觉就是每天都在烦琐与忙乱中度过，各种催促声充斥在耳边：快点吃饭、抓紧时间排队了、后面的小朋友快点跟上来……让本来应该悠闲而美好的幼儿园生活变得急匆匆，让本来散发着童真童趣的孩子变得急匆匆。其实，这种急匆匆的背后掩藏着的，是各种违背孩子成长规律的急躁心理，而如何在《3—6岁儿童学习与发展指南》颁布的大背景下，让幼儿回归本来应该具有的淡定与从容，让幼儿园教师回归本来应该具有的恬静和舒缓，是我们每个幼教工作者应该深深思索的问题。

一、变"催一催"为"推一推"

每个幼儿园在学期初，都会制订出新学期的各种计划，包括教学进度计划、教科研工作计划等，种类之多，名目之繁杂，让每个老师在执行时应接不暇，加之幼儿园的孩子年龄小，教师除了备课、组织好各领域的教学活动外，还要关注孩子的一切日常事务，吃喝拉撒事无巨细，家长工作需要沟通，玩教具需要制作……所以，一天中，需要教师处理和完成的事情太多。除此之外，每个幼儿园根据本园的实际，都会制定一系列的规章制度，对各项工作进行量化评估，要求教师在某段时间内必须完成某些事情，虽然很多幼儿园在一日作息时间中都作了块状安排，尽量给予教师充分的自由支配时间，但是总是有一定的时间限制，所以，幼儿园教师的一日活动，总处在一种繁忙的状态中，各个环节的活动总是不可避免地存在催促的现象。起床的时候，催促穿衣；走路的时候，催促跟紧；甚至出现了催促吃饭及大小便的现象。很多时候都出现了超越孩子自身发展速度的行为，不断催促，甚至包办代替，如对于穿衣磨蹭的孩子，耐不住性子的教师会迫不及待地帮忙扣扣子；对于吃饭慢的孩子，直接亲自喂。而扣扣子和吃饭对于幼儿园年龄段的孩子来说，是这个年龄段孩子应该掌握的技能和任务，教师的作用不应该是包办代替，而应该从孩子的年龄特点入手，通过各种活动、方法或策略培养孩子的规则意识、合作意识、集体观念等，杜绝"以爱的名义"阻碍孩子的成长。

而《3—6岁儿童学习与发展指南》中指出："幼儿的发展需要成人因势利导，有时等一等，有时推一推，有时冷静地观察、分析，提供必要的支持。"所以，在幼儿发展的过程中，为人师者必须保持一种"静待花开"的心态，耐心地聆听，静静地跟随，给予孩子充分的发展空间，了解孩子的发展趋势，有时是线性上升，有时是波浪形的起伏，有时甚至会出现倒退、停滞不前的状态，这些都是幼儿发展过程中的正常现象，更是一种不可逆的规律。而教师和家长需要做的，就是遵循孩子的成长规律，适时地给予支持，不是催促，而是推一推、等一等。

二、变"盲目迎合"为"积极引领"

造成"催促"这一现象的另外因素是，幼儿园及教师对家长要求一味地"盲目迎合"。社会的快速发展，让人们的生活节奏不断加快，在"望子成龙"这种心态的催化下，社会上五花八门的培训班如雨后春笋般迅速兴起，家长全然不顾孩子喜欢玩的天性，剥夺了孩子与同伴交流、游戏的权利，把孩子送入名目繁多的培训班，写数字、背古诗一度成为衡量成长的"标尺"。而家长同时也把这种"期望"寄托到了幼儿园及教师身上，面对家长这种近似"无理"的要求，很多幼儿园及教师无视孩子的发展规律，擅自调整幼儿园的课程目标，出现了重知识的学习、轻态度情感培养的现象，更有甚者，让孩子们提前接受小学教育，写字、认读、运算等活动让孩子苦不堪言，把孩子的认知兴趣扼杀在摇篮中。在这种急功近利思想的指导下，让孩子慢慢成长成为一种奢望。

卢梭说："大自然希望儿童在成人之前就要像儿童的样子。如果我们打乱了这个次序，就会造成一些果实早熟，它们长得既不丰满也不甜美，而且很快会腐烂。"作为教师，要通过举办家长课程培训等活动，用正确的育儿理念和正确的儿童观、教育观、发展观去引领家长，帮助家长打消功利思想，不能急于求成、拔苗助长，要努力地为幼儿创造一个可以让他们从容地从"量变"到"质变"的环境，让每一个幼儿都可以按照自己的速度、自己的节奏获得实实在在的发展，这也是《3—6岁儿童学习与发展指南》所描绘的美好愿景。

三、变"训练灌输"为"自我建构"

幼儿获取知识的途径主要有两种，第一种是成人教给他们的现成知识，即"灌输"给他们的知识；第二种是在游戏中自我学习到的知识，即"自我建构"的知识。现在多数幼儿园的课程安排中，集体教学因其组织形式便捷、效率高而占据了大部分时间。但是，集体教学统一的组织形式、统一的组织内容，会抹杀幼儿之间的差异，容易造成"训练灌输"的现象，这种单纯追求知识技能学习的做法是短视而有害的。

幼儿的学习特点是"做中学、玩中学、生活中学"，这是由孩子的年龄特点、认知特点决定的，只有这样，才能保证孩子学得有趣、学得有用、学得有效。蒙台梭利教学理念也提出，我看到了，我忘记了；我听到了，我记

第一篇 论文硕果

住了；我做过了，我理解了。充分说明了幼儿通过直接感知、实际操作、亲身体验获取经验的重要性。现代学习理论指出："有意义的学习一定是学习者主动建构的过程。"所以，幼儿园应适当减少集体教学时间，增加区域活动等个别化活动时间，以主动代替被动，保证幼儿能够自主地学习、自发地学习。另外，我们一定要树立起"游戏是幼儿园的基本活动"的思想，在游戏中发展幼儿的自我意识、自信心、伙伴意识、语言与交往技能、探究与想象以及其对周围世界的认识。幼儿自我建构的过程是一个慢过程，需要教师有足够的耐心去观察和指导，另外，要杜绝对幼儿放任不管的现象，通过教师的有效介入，对幼儿进行有效指导，让幼儿在原有经验的基础上进行新经验的建构。

教育是一种慢的艺术，孩子的成长的确应该慢下来，每个教师都应该给予孩子充分的成长空间，学会等待，在教师中倡导不催不急的心态，不催促穿衣、不催促吃饭、不催促选择、不催促成长……对于孩子，我们缺少的也许并不是引领，而是驻足，停下来与他们一起游戏，孩子将会实现更高层次的成长。

本文曾在《中国教育报》发表

让晨间点名既有意思又有意义

　　著名教育家陶行知先生提出"一日活动皆课程"的教育理念，旨在倡导把幼儿的一日生活中的各个环节都赋予教育意义，要做到生活教育化、教育生活化。俗话说，一年之计在于春，一日之计在于晨。对于幼儿园来说，晨间活动是一日生活的开端，这个环节的组织如果有趣又有价值，对孩子一日生活的开展会具有积极的引导作用。而晨间点名活动，又是幼儿入园后融入集体活动的一个重要环节，对于孩子开启一天的幼儿园生活起着至关重要的作用。

　　当前，幼儿园晨间点名活动存在"形式多样，效果单一"的现状。几种形式如下：

　　（1）教师按照花名册上幼儿名字顺序进行点名，幼儿按照教师规定的要求回应。例如，教师点到谁，谁就说"到"，或者是"我是小明""我是小猫，喵""我是红红，我在这里""我是明宇，我最棒"。

　　（2）有的教师要求幼儿在听到自己的名字时，一边拍手一边说自己的名字；还有的教师要求幼儿在听到自己名字时，要学着小动物的叫声，做出小动物的动作；等等。

　　（3）还有部分幼儿园把点名活动与信息技术相结合，使用软件点名，但教师只是借助了软件最后的汇总功能，例如今天应到多少孩子、实到多少孩子、缺勤几个孩子，过程还是教师点、孩子答的形式。

　　经过笔者统计，以上形式的点名活动，每个幼儿占用的时间从1秒到30秒不等。这样的点名活动中，孩子的回应方式虽多种多样，但是结果只关注今天谁来了、谁没来，没有避免随心教育或是让幼儿消极等待，点名环节的教育价值没有得到充分体现。

如何有效地利用好点名环节，使其教育价值最大化，是当前需要关注和解决的问题。

一、调动多种感官，使点名环节可听可见

我们知道，幼儿对各种电视广告百看不厌，更甚者能够背诵很多广告词，究其原因就是电视广告的呈现模式除了画面色彩艳丽外，那种视听结合的方式也是最易被孩子所接受的。幼儿的思维发展处在具体形象思维阶段，我们可以根据孩子的年龄特点和思维特点，通过制作幻灯片进行点名的形式，让抽象的声音符号变得具象，实现了点名环节有效又好玩。

具体做法是这样的，教师为每个幼儿制作一个幻灯片，幻灯片上要呈现幼儿的学号、照片、姓名等基本信息，并且幼儿的幻灯片编号要与其学号相对应。

对于刚刚入学的幼儿或是刚刚组建新班级的幼儿，他们之间的关系是陌生的、不熟悉的。在这样的情况下，将幻灯片的编号与学号相对应，并按照顺序依次点击幻灯片进行点名。例如，教师点击编号为1号小明的幻灯片，同时说"1号是谁呢？我们来看看"。这时，幻灯片上出现了一个大大的数字"1"，紧接着自动出现"小明的照片"，教师又说："这是谁？找找看，他在哪里坐着呀？"这时孩子们会环视周围，依据照片找到对应的幼儿小明，教师又可以说："1号是小明，小明在哪里？"鼓励小明说出"我在这里"。

幻灯片的使用，为幼儿提供了可视可感的视听刺激，调动起幼儿多种感官，边听、边看、边思维，使幼儿不再单纯地、被动地接收抽象和稍纵即逝的听觉信息符号，而是通过听觉、视觉、空间知觉等多感官的共同参与，来完成对事物的认知。由于多感官的共同参与，幼儿的行为会变得积极主动。提供可视可感的具象刺激，又能让所有的幼儿参与其中，避免时间的隐性浪费。

二、依托主题内容，使点名环节变化多元

一日活动中的每个环节都蕴含着极大的教育价值。在主题教学实施背景

下，主题目标的有意渗透，使点名环节变得丰富多元。

教师将每个幼儿的幻灯片制作完成后，在保持基本框架不变的情况下，可根据主题内容的变化，将幻灯片上的元素进行小幅度的添加或删减，在一个新主题开展之前，让点名活动和主题教学有机融合，就会使点名环节成为实现主题教学目标的有效途径。

如结合小班上学期第五个主题"我的动物朋友"中的相关目标，教师就可以在幼儿点名的幻灯片上有计划性地插入几个动物的图片。如在1号小明的幻灯片上，插入一张小兔子图片。点名时，教师点击1号幻灯片，一只小兔子出现在幻灯片上。教师说："看看，这是谁呀？""小兔子。""小兔子怎样跳？"这时教师鼓励所有孩子模仿小兔跳，"小兔小兔跳跳跳，小兔小兔跳跳跳，跳到哪，跳到凳子旁边，坐下来"，"看看小兔子会和谁做朋友呢？"这时教师再点击鼠标后出现小明照片，照片后面紧跟着"小明"两个汉字，教师伴随着照片和名字出现，说"小明在哪里"，并鼓励孩子说"我在这里"。教师找到幼儿击掌，并说"小兔和你做朋友"，然后，教师边点击2号幻灯片边说："小兔还找谁做朋友呢？噢，是2号小红，小红在哪里？"为了避免小动物的种类太多，我们在制作幻灯片的时候，一种小动物可以代表4～5名幼儿。接着，教师再点击幻灯片，出现另一种小动物，又可以点出4～5名幼儿。在点名环节选择主题内容中的适宜元素加入，让点名环节变得有趣和有意义。跟随主题的变化，点名环节会更加丰富多元。

三、关注年龄特点，让点名环节追随发展

追随幼儿的教育才是适宜的教育。根据幼儿不同年龄或同一年龄不同的发展阶段目标，对幻灯片里的相关元素进行添加或删减，实现教育的由浅入深、层层递进。

例如，小班上学期初，使用幻灯片点名时，幻灯片上要有学号+照片+姓名，教师要将幻灯片编号与学号一致排列，并按照正数的顺序点名。到了小班上学期中、末，教师将幻灯片上的照片去掉，幼儿通过学号和幼儿个体对应。到了小班下学期，教师再将幻灯片上的学号去掉，只保留幼儿的名字，

大部分幼儿会说出名字，这样的认知是通过"字"对幼儿的刺激而引发的回应。

对于中大班的幼儿，前期教师可像小班那样，将幻灯片进行编号并与其学号相对应，前一个月时间，可按照顺序依次点名，第二个月左右可撤掉照片，保留学号与名字。随着孩子的发展，可撤掉学号，只保留名字。到后期，教师将幻灯片编号打乱，不再与幼儿学号相对应。例如，班级有30名幼儿，教师将1~30个数字制作在一张幻灯片上，教师随便点击某数字，就会出现一张幻灯片，上面可能有学号、照片、名字，也可能只有学号与名字或只有名字。幻灯片一出现，这个孩子必须快速站起来回应。这样一来，所有的孩子都处在积极期待和快速反应状态，对培养幼儿的专注力、观察力和快速反应能力都是极其有意义的。

为了培养中大班幼儿自我控制和约束的能力，在点名环节中，教师要求，幻灯片上出现谁，谁就要控制自己不说话，别的幼儿要快速点出这个人的名字，比一比谁的反应最快。完成所有幼儿的点名后，教师总结谁是今天反应最快的孩子，谁就可以成为明天的点名助手。

接下来的班级点名环节，由于"点名助手"的诱惑，幼儿完全可以实现自主点名，并逐渐地学会用自己喜欢的方式做好对其他幼儿的回应情况统计，便于选拔出第二天的点名助手。这种方法能够让所有的幼儿处在有意义的积极迎战状态。

运用幻灯片进行点名的过程中，教师可根据近阶段孩子发展需要，变化幻灯片的呈现方式及教师语言策略，来实现所指向的教育目的。

基于主题背景下的点名环节策略的研究和应用，使幼儿对数学认知、语言文字认知、符号意义与应用、数与物的对应关系、主题内容的理解和应用、幼儿统计能力、语言表达能力、人际交能力等得到快速的提升，并且会随着时间的推移，潜移默化地影响着幼儿的学习和生活，实现教育的无声渗透，促进幼儿的有效发展。

本文曾在《山西幼教》杂志发表

让跳跃成为最美的音符

——谈维果茨基"最近发展区"理论在幼儿园教育中的运用

曾经看过中央电视台的一个广告，我印象深刻，记忆犹新：五颜六色的小球争先恐后地跳跃着前进，跳跃的小球犹如跳跃的孩子，让我感受到了生命的力量，动感、活泼、调皮……

当我参加完王振宇教授的《3—6岁儿童的心理发展与学习特点》的讲座后，特别是其中维果茨基的"最近发展区"的理论，让我再次想到了"跳跃的美"，其实，"最近发展区"理论用一句通俗的话说，就是让孩子们"跳一跳，能够得着"。《幼儿园教育指导纲要》中提到的"要促进孩子在原有水平上获得不同的发展"也是对"最近发展区"理论的最好解读。

"最近发展区"理论中指出，儿童的学习存在两种发展水平，第一种是现有发展水平，第二种是可能发展水平，可能发展水平就是儿童的最近发展区，幼儿园所开展的一切教育活动，必须要走在孩子现有发展水平的前面，才能促使儿童达到他的可能发展水平。根据这种理念的引领，我们在设计教学活动及组织孩子的一日活动时，要注意关注孩子的原有经验、了解孩子的认知水平，通过教师的引导、参与，促进每个孩子在原有水平上都能获得不同的发展。

一、公平教育个别关注

有句话说，"不论小草还是鲜花，都有享受阳光的权利"，对于孩子们来说，尽管他们之间有着各种各样的差异，但相同的是每个孩子都拥有一颗天真的童心、一张灿烂的笑脸，每个孩子都是我心中最红最艳最美丽的鲜花。我们班有个叫冯文浩的孩子，从来没有穿过一身干净的衣服，一件半袖夏天当外衣，冬天当内衣。鞋子从来不见本来的面目，不喜欢理发，身上也总散发出一种特别的气味。总以为这样的家长太不像话了，不论多忙，也不能不管孩子啊，所以，有一天，我跟杜老师到了孩子的家里，当我们走进这个家庭的时候，我才了解了孩子家庭的一切情况。父亲年近六十，母亲聋哑、智障、没有劳动能力，父亲虽然有劳动能力，但是对孩子的照顾却近乎没有。从那天开始，我开始特别注意这个孩子，首先从家里给他拿了几件儿子穿着小的衣服，然后尽量地定期带他去寄宿班里给他洗澡，平时也注意培养他的自理能力，让孩子学会自己照顾自己，现在见到冯文浩的老师都反映冯文浩变干净了。

二、集体教学因材施教

记得应彩云老师在一个活动中，就紧紧抓住了孩子的认知特点，从孩子的最近发展区出发，让孩子达到了可能到达的发展区。

师："什么是去世？"

幼："死了……没有了……再也不回来了……去天堂了……"

师："像去世这样伤心的事，说'死了'和'上天堂了'，哪个心情更好一些？"

幼："去天堂了。"

师："孩子们，以后遇到难过的事，用好听一点的话来说，心情会好一些的。你家有老人吗？"

幼："我家有三个老人，外公死……上天堂了。"

立竿见影的效果，引发了同伴和观摩者的笑声。

在这个师幼互动中，我们看到了三个层次：

（1）教师在孩子原来对"去世"的经验基础上，让孩子们通过经验分享。（"死了……没有了……再也不回来了……去天堂了……"）

（2）教师进行了指导、参与。（"孩子们，以后遇到难过的事，用好听一点的话来说，心情会好一些的。"）

（3）孩子们在自己经验的基础上，获得了提升。（"我家有三个老人，外公死……上天堂了。"）

其实，最近发展区理论给予了我们教学工作很多启发，让我们能够有的放矢地跟每一个孩子对话，尊重每一个生命、尊重他们的年龄特点、尊重他们的认知规律，在尊重中与孩子共同享受成长的快乐。

本文曾入选省远程研修资源库

让真游戏回归

——从"看上去很美"到"实际上更美"的跨越

回放一：

游戏时间，两位小朋友身穿白大褂在"小医院"的"门诊台"前坐等"病人"的到来，今天真是一个安康的日子，10分钟过去了，没有一个前来"看病"的人，两位"小医生"一会儿看看东边表演区的节目；一会儿跪在小椅子上望望西边建构区小朋友们的作品；一会儿趴在"门诊台"上大眼瞪小眼；一会儿围着小椅子转几圈儿……"今天没有'病人'，你们可以考虑暂停营业呀。"一名幼儿欲言又止，另一名幼儿怯怯地说："老师不让，老师说了要坚守岗位！"

回放二：

两位小朋友在美工区进行手工制作，今天他们的任务是制作"美丽的小花"。不一会儿，他们根据教师提供的步骤图，先后完成了作品。

"老师，老师，我们做完了！"终于等到教师走到美工区旁时，两名幼儿略显兴奋地对教师说道。

"嗯，做完了再做一个！"教师对男孩儿说。

"这是做了些啥，重做！"教师转身接过女孩儿手中的"小花"，边说边将"花朵"从"花枝"上撕扯下来。

两名幼儿默不作声，低头开始了再一次的制作。

这样的"游戏"场景，相信幼儿园的教师们定不陌生，或许就发生在自己的幼儿园，或许是本地的姊妹园，抑或是外出参观学习时也时常遇见，大多教师见怪不怪，甚至觉得理所当然，有多少人沉下心来深刻反思，这是我们真正想要的"游戏"吗？

随着我国物质条件的不断改善及《幼儿园工作规程》《幼儿园教育指导纲要（试行）》《关于当前发展学前教育的若干意见》《教育部关于规范幼儿园保育教育工作　防止和纠正"小学化"倾向的通知》《3—6岁儿童学习与发展指南》等国家规定的进一步明确要求，各级教育主管部门和幼儿园均认识到"以游戏为基本活动"对于幼儿的重要性，进而将大量的人力、物力、财力投到幼儿园游戏环境的规划和创设中。精美的装修、游戏区里高档的儿童实木家具，高仿真的玩具，处处体现出环境与材料的高档。在力所能及的条件下这本无可厚非，可是某些地区却出现盲目跟风、互相攀比的现象而忽略了幼儿发展的根本需要，无数个无所事事、百无聊赖、不可随意走动、毫无"自由"可言的"小医生"在这样的环境中显得如此格格不入。更有甚者，某些教师为了迎接所谓的参观、督查，安排幼儿固定在某一区域强化训练，客人来时进行"表演式"游戏，呈现出一片热闹繁华的假象，看上去很美，可是在这热闹繁华的背后是孩子们无奈、无语，又无力反抗的消极和等待，在其背后是教师高管高控、幼儿必须对教师言听计从的教育模式，这种"看上去很美"的游戏成了束缚幼儿的枷锁，扼杀了孩子的天性。

《看上去很美》是王朔的长篇代表作之一，后由张元导演搬上大荧幕，讲述的是1961年到1966年间一所幼儿园里几百名小朋友的故事。

幼儿园里有统一的标准管理着所有小朋友，吃饭、睡觉、洗澡、穿衣、玩耍、上厕所、洗手，都有统一要求，表现优秀的人会被授予小红花，贴在他们名字后面。这是我们都很熟悉的故事，在一个架构中，通过一系列手段，去掉每一个人的个性，让每个人都制度化，被制度化了的人又再去制度化其他人。一个幼儿园，一朵小红花，一种教育，一个模式，一个原则，一种同化，一种制度，一切整齐划一，这种"看上去很美"的教育真的是我们想要的教育吗？在半个世纪后的今天，这种"看上去很美"的游戏真的是孩子们想要的"游戏"吗？

什么才是孩子们真正需要的游戏呢？

真正的游戏滋养了一代又一代的人，这是不言而喻的。

在曾经物质匮乏的年代，唯有游戏让小伙伴们乐此不疲、亲密无间、嬉戏娱乐，女孩儿喜欢的翻花绳、拾果果、跳皮筋，男孩儿喜欢的顶牛、挤牙膏、摔泥碗、打弹珠，男孩儿女孩儿都喜欢的拉"大锯"、拍手背、吹羽毛、挑冰棒棍、捉迷藏……经过一代又一代人的传承成为经典，散发着永恒的魅力，每一代孩童在玩耍的时候都趣味依旧。这些游戏简单朴实、材料随手可得，为什么会经久不衰呢？除了易学易操作，容易吸引幼儿积极参与；有意思，能够引发幼儿玩耍兴趣；富有挑战，可以激起幼儿游戏内驱力；更主要的是少了成人的干预，并且在玩耍过程中他们会随需要在得到伙伴认同的前提下自主调整更适于玩耍的游戏规则，从而使这些游戏在他们手中可以常玩常新。所以，真正的游戏不是豪华高档的配置，不是活动中一切顺利的表象，真正的游戏是能给孩子带来愉悦的、能够体现个体意愿的，并且可以推动孩子自我发展的。

儿童的天性就是玩。在越来越倡导"以幼儿发展为本"的今天，在物质条件极大丰富、什么都不缺的今天，寿光市文正教育集团重新回过头去审慎并思考："游戏的本真是什么？""真正的游戏精神是什么？""我们要给孩子怎样的童年？""我们要做什么样的教育？"……经过反复的思考辩论得出结论，我们要树立"遵循天性，启智养正"的教育理念，把游戏还给孩子，让孩子玩"真游戏"，我们踏踏实实做为幼儿后继学习和终身发展奠定良好素质基础的"真幼教"。

怎样才算是"真"游戏呢？

一、充分体现幼儿游戏自主性

孩子们在游戏时，玩什么、怎么玩、用什么工具玩，都由孩子自己决定、取放、整理，整个游戏过程都放手交给孩子。像孩子们的涂色游戏，只要是在区域范围内，孩子们想用什么工具就用什么工具，想怎么画就怎么画，没有要求没有约束，不用怕衣服会脏，不用担心地面会花，孩子们真正沉浸在游戏的乐趣中，尽情感受颜色的无穷变化和魅力。如攀爬区的轮胎山，轮胎山的高度、形状、垒搭的形式、攀爬的方式都交给幼儿自己，他们自会根据自己的能力和需求进行相应的评估和判断，创建不一样的却最符合自己"最近发展区"的攀爬山进行挑战。孩子们依据自己的能力肆意玩耍，没有一个孩子没事做，没有一个孩子是旁观者，游戏中孩子的合作能力、创造能力、肢体动作自然得到发展，真正做到"我的游戏我做主"，这才是真正属于孩子的游戏。

二、教师明确自身角色定位

在孩子们游戏的过程中，要求每一位教师都做安静细致的观察者，观察孩子的游戏状况，看看孩子是怎么玩游戏的，孩子们是怎么运用材料的，在矛盾和冲突面前，孩子又是如何解决的。教师不再是"法官""救火员"，因为孩子的多数矛盾他们是可以自己解决的，放手可以更好地提高孩子解决问题的能力。在细致观察幼儿游戏行为的基础上"读懂每一位儿童"，发现来自游戏中的可贵的教育契机，在情境中进行"支持、引导、合作"，真正明确教师的角色定位，这才是真正的教育。

三、环境开放，低结构材料丰富充足

游戏环境遍布幼儿园的角角落落，活动室、功能室、小阳台、大院子都是幼儿的游戏场。游戏环境装饰和材料投放不再追求高大上、美精贵，幼儿园为孩子们提供大量的生活工具、原材料及低结构材料，并采取就近取放、分类的管理模式，分散在区域的各个地方。如孩子们玩沙水时用的缸、瓢、勺、壶、铲、竹筒、扁担；过家家可能会用到锅碗瓢盆、瓶瓶罐罐；表演区可能用到的纱巾、布头、纸箱、竹筐；体育锻炼用的竹梯、木板、碳化积木等，琳琅满目，应有尽有。户外体育游戏与角色游戏融为一体，孩子们运用这些原材料和低结构材料创造性地玩出智慧，在这样的自主游戏中尽情享受，这才是孩子们真正需要的材料，这才是孩子们真正的幸福。

儿童最喜欢玩的方式就是游戏，游戏是儿童的生命。希望通过我们每位幼教人的努力，实现从"看上去很美"到"实际上更美"的跨越，每个孩子都可以顺应自己的发展需求，安然有序地与游戏融为一体，悄然成长。因为有了游戏，每个孩子的幼儿园时光都散发不一样的光彩并产生深远影响。

本文曾在《幼教园地》发表

善待孩子身上那块"天使的吻痕"

班里转来一个叫海儿的小朋友，长得很漂亮，特别是那双眼睛，长长的睫毛，忽闪忽闪地眨着，让人好生喜欢。因为这双会说话的眼睛，我便断定海儿肯定是一个聪明活泼的孩子。

对新转入的孩子，教师们总会给予特别的关注，例如会举行一个小小的欢迎仪式，介绍给所有孩子认识，并叮嘱他们要主动跟新孩子交朋友等。对于这些，海儿都没有表现出应有的兴致，一声不响地打量着新环境、新教师和新孩子们。我想，毕竟一切都是陌生的，等熟悉了，自然也就好了。

然而，随着时间的推移，我却发现海儿有一个很大的弱点，那就是不管她懂或不懂的话题，跟她交流的时候，她始终不会跟你说话，开始的时候是拿一双大眼睛瞪着你，越是鼓励她越是胆怯，到了最后，竟然低着头不住地揉搓自己的衣角，那份紧张的样子，看着让人心疼。在之后一个多月的时间里，我总是有意识地多给她提供表现自己的机会。在集体活动时，让她多回答问题；生活活动时，多分配给她任务；间隙时间里，让她为孩子们表演节目；外出时，主动地去牵她的手……也跟家长进行过多次沟通，但效果却是十分不理想，海儿还是原来的样子，我心里便想，也许这个孩子适应环境比其他孩子慢，跟孩子们和教师都不熟悉自然不会多说话，我们成人不也这样，等时间长了，大家彼此都熟悉了，自然也会好起来。

在以后的日子里，我和其他教师一如既往地多关注她，期待着她能大方自信起来。

有一次，我给孩子们上一节计算活动课，课题是"一个"和"一半"，为了让孩子们充分了解"一个"和"一半"的关系，我事先为孩子们提供了很多可以操作的材料，其中，每个孩子都有一张32开的彩色折纸，当孩子们尝试把纸分成两半的时候，我发现所有的孩子都把32开的纸横向对折后变成了两张64开的纸，这时，海儿举着她的纸小声地对我说："老师，这样行吗？"我把头转向了她，只见她也把32开的纸分成了两半，但是她的分法却跟其他小朋友不一样，她把32开的纸纵向分成了两半。我当时真是既惊讶又兴奋，兴奋的是她这是第一次在课堂上主动向教师表达自己的意见，这需要多大的勇气啊！惊讶的是，全班26个孩子，竟然只有海儿自己的分法是特殊的、是与众不同的、当然也是正确的。于是，我走到她的面前，牵着她的手，让她到前面来向其余25个孩子演示了她的分法，并且对她及时地进行了表扬："这次'一个'和'一半'活动，海儿是最棒的一个。"然后让孩子们把最热烈的掌声送给她。借着这个机会，我鼓励她在所有孩子面前说说她是怎么分的，她也像变了一个人似的，在孩子们面前大胆地进行了分享。

她的变化实在很大，从那之后，她能主动地去拉我的手，话也逐渐多了起来，表现出了对教师和孩子们的亲近、信任和喜欢。我不知道她的变化是来自一节计算课给她的信心，还是源于我对她的不放弃，我想都有。缺少了这其中的任何一个因素，也许都还是那个令人无奈的结果。看到海儿现在的表现，我好像也看到了她更加自信的未来。

其实，每个幼儿园、每个班里都有这样的"海儿"，每当想起海儿，我都会不由自主地想起《天使的吻痕》这个感人的故事，罗伯特的父亲面对孩子脸上那条紫色的丑而大的胎记，编造了一个善意而完美的谎言："你出生前，我向上帝祷告，请他赐给我一个与众不同的孩子，于是上帝把你赐给了我。上帝给了你特殊才能，还让天使给你做了一个特殊的记号。你脸上的胎记就是天使吻过的痕迹。"而"天使的吻痕"也成了罗伯特心中永远幸运的标记和自信的动力。海儿的不自信，正是海儿身上那块"天使的吻痕"，面对不自信的孩子，我们也应该拿出罗伯特父亲那样的善良和智慧，为孩子找回自信的动力。

一、适度放大闪光点

俗话说，"世界上没有两片完全相同的树叶"，孩子也一样，无论聪明或愚笨，无论乖巧或顽劣，他们身上总有让别人刮目相看的特点。例如绘本《小威向前冲》中的小威，虽然他的数学很不好，但是他却是一名游泳健将，凭借高超的游泳技能，获得了"游泳能手"的称号。只要我们多一把衡量孩子的尺子，及时发现孩子在活动中的闪光点，并适度放大，就能让他们感受到教师的爱，从而激发孩子积极向上的优良品质。

二、每天多交一个好朋友

每年新学期开始的时候，因为生活环境的转变，很多孩子会表现出不同程度的不自信的现象，特别是小班新入园的孩子。针对这种情况，我会在孩子中开展一个活动，主题就是"每天多交一个好朋友"，并且在主题墙中设立"朋友圈"，孩子们多交一个朋友，就在朋友圈中贴一张新朋友的照片，这样一来，激发了孩子同其他孩子主动交往的积极性，每当多交到一个好朋友，他们主动交往的信心就更加强大。还可以借助爸爸妈妈的微信进行强化，每天交到的好朋友互相添加微信，通过微信聊天的形式，增强孩子的交往能力，培养孩子的自信心。

三、借助幼儿园的社会性区域活动

在幼儿园的户外及室内区域中，有很多社会性交往的区域，例如娃娃家、超市、邮电局、警察局等，在这样的区域，更加强调的是孩子社交能力的培养，在这个过程中，孩子们需要不断沟通才能完成任务、达成目标。借助这样的社会性区域，孩子在交流中学会了沟通、在沟通中懂得了合作、在合作中养成了规则，久而久之，孩子在与同伴的交往中，融入集体生活，这能让每个孩子找到自信的源泉，培养自信能力。

四、多给点"差事"

不自信的孩子虽然在社会交往方面表现得相对弱势，但是他们其他方面的能力较好，多给他们点"差事"，就是多给他们提供为班级集体服务的机会，增加与其他孩子交流的机会。调动他的责任意识和主动性，给他一个响亮的头衔，如餐厅小经理（分发餐具，整理餐桌等）、点名小助手（负责早上的点名）等，教师对孩子的做法及时进行表扬鼓励。通过这样的集体活动，让孩子感觉到自己对班级的重要性，找到自信的源泉和动力，让每个孩子都成为那个与众不同的"天使"。

本文曾在《中国教育报》发表

手牵手　心连心　赢未来

俗话说"子不教，父之过"，从古至今，人们都认识到了家庭教育的重要性。习近平总书记也在不同场合多次指出和强调家庭教育的重要性，"家庭是孩子的第一个课堂，父母是孩子的第一任老师"。寿光市教育局深度学习2015年教育部出台的《关于加强家庭教育工作的指导意见》，高度重视家园共育工作，制定了"手牵手、心连心、赢未来"家园共育工作总目标，旨在"让家长角色重新回归、家庭陪伴更有价值、家园共育形成合力"，并采取了"思想重视行动指导、百花齐放破解瓶颈、措施保障砥砺前行"等措施，从而实现"一个目标、两个追求、三个突破、四大受益、终生所需"的美好愿景，打造家园共同体，为了每个孩子的健康成长而努力！

一、活动背景

《幼儿园教育指导纲要（试行）》中指出："家庭是幼儿园重要的合作伙伴。应本着尊重、平等、合作的原则，争取家长的理解、支持和主动参与，并积极支持，帮助家长提高教育能力。"幼儿教育是一项融合家庭、社会、幼儿园教育的系统工程，如果能有效地把家庭、社会、幼儿园三大教育环境综合起来，形成教育合力，幼儿教育将达到事半功倍的效果。俗话说，父母是孩子的第一任老师，家庭是孩子学习的第一课堂。在人才激烈竞争的今天，我们更应该认识到家庭在幼儿教育中是一个不可或缺的课程资源。所以，积极搭建家园合作的平台，实施好家园共育工作，是促进幼儿全面和谐发展的重要一环。

二、活动目标

（一）让家长角色重新回归

当今社会处于经济发展的高速期，生活节奏不断加快，人人成为经济大潮中的弄潮儿，"家长"角色和两个字的内涵也随之发生了微妙的变化，爸爸妈妈缺席孩子的成长，已然成为一种社会普遍现象，《爸爸回来了》节目的热播，同时也体现了人们对家长角色的重新定位和家长回归的强烈需求。

（二）让家庭陪伴更有价值

文凭不等于水平，有知识不等于有文化，高学历人才越来越多，但是家庭的教育水平不高反低，原因之一就是父母的陪伴出了问题。爸爸打游戏，妈妈玩手机，孩子没人陪的现象层出不穷，负责生不负责养或者隔辈抚养的现象比比皆是，实现变养活为养育，让家庭的陪伴更加有效，也是我们实施家园共育工作的重要目标。

（三）让家园共育形成合力

有一种现象是5+2=0，意思是5天的学校教育，加上2天的家庭教育，最终的教育效果是0。虽然有点夸张，但是，家园教育的不同步、不协调现象，确实值得引起我们的重视，并需要采取措施加以改进，引领家长科学育儿，从而形成教育合力，实现5+2>7的教育效果。

三、实施内容

（一）思想重视，行动指导

寿光市教育局把家园共育工作纳入幼儿园的评价体系，专门下发了《寿光市教育局关于加强学龄前幼儿家庭教育工作的指导意见》（以下简称《意见》），《意见》中引用了习近平总书记在2014年六一儿童节前夕和2015年春节团拜会中对家庭教育的重要论述：家庭是孩子的第一个课堂，父母是孩子的第一个老师，强调"家长要时时处处给孩子做榜样，用正确行动、正确思想、正确方法教育引导孩子。要重视家庭建设，注重家庭、注重家教、注重家风"。习近平总书记的系列论述为推进家庭教育的全面快速发展指明了方向、提供了动力。《意见》中还指出，各幼儿园要建立健全家园共育体系，园长是家园共育工作第一责任人，负责全面部署各项工作，做到亲自安排、亲自督促、亲自评价，将家园共育工作纳入园长量化考核中。此外，《意见》还对各园的家园共育工作提出了指导性建议，例如，《意见》中家庭教育的重要性及家长在家庭教育工作中的主体责任，对孩子要做到活动前引领、活动中指导、活动后辅助，从而保证各种活动的时效性；对各园开展的各项活动、活动形式、活动频率等进行了安排，由各园根据本园实际情况酌情执行。

（二）百花齐放，瓶颈破解

根据习近平总书记的讲话精神，寿光市教育局出台了关于全市学前教育家园共育建设体系方案，确定了家园共育工作总目标是"手牵手，心连心，赢未来"，在这个目标引领下，鼓励各个幼儿园根据自己的园情，因地制宜开展多元化活动，有效破解家园共育瓶颈。

家长观念的引领至关重要，实验中学幼儿园的"半小时亲子活动"开展得非常成功：他们利用早上入园后或傍晚离园前半小时，把家长邀请到孩子的班级中，由家长、教师和孩子共同参与，开展益智、手工、传统节日、时令节日、亲子阅读等多种形式的亲子活动，这项活动每周或者隔周进行一次，并以游戏贯穿始终。这样，家长在亲自参与中感知到了孩子的年龄特点和认知特点，然后通过教师的讲解和剖析，客观公正地去评价自己的孩子在这个群体中的发展水平，还获取了一些教育孩子的正确理念和方法，这些理念慢慢渗透并达到触类旁通的效果，使家长在教育过程中遇到相似事情时能正确处理。各种理念和方法，引领家长实现有价值的引导和陪伴。

陪孩子阅读、玩趣味游戏、有效交流、正确地陪伴，孩子在园三年六个学期，家长每周到幼儿园里参加1次"半小时亲子活动"，这三年累加起来就是120次，合计60个小时，那么，实验中学幼儿园实施9年这项活动的概念是什么呢？活动受益的是父母、祖父母、外祖父母，因此一个孩子至少辐射3个家庭的教育观，幼儿园有1000多名孩子，辐射的就是3000多个家庭，9年的时光，辐射的就是几万个家庭，家庭进步了，相应的整个社会就会跨一大步。

　　"幼儿教育女性化，是因为所接触到的女性教育者占主体"，圣城街道东关幼儿园的"爸爸联盟"打破传统的家庭教育观念，积极地吸引男性家长参与"家园共育"，邀请各行各业、拥有各种本领的爸爸走进幼儿园，发挥爸爸的力量，弥补幼儿园男性教师的缺少，使幼儿得到更全面的发展和优秀的成长，让爸爸们真正成为教育的共谋者。活动时，各行各业的宝爸：医生、教师、昆虫专家、蔬菜专家、画家、健美教练、体育教师等，他们根据自己的职业特点为幼儿提供了一堂堂有趣的游戏活动，孩子们在活动中注意力集中，爸爸与幼儿积极互动，呈现了精彩的课程效果。

　　市直有市直的亮点，乡镇有乡镇的长处，一人行走得快，众人行走得远，只要立足于孩子的发展，任何活动都会有意义！我们看到：地处城乡接合部的文家中心幼儿园，根据外来打工人员子女多、教育方法参差不齐的园情现状，通过座谈、家访、问卷等方法广泛征求教师和家长的意见，确立以"教育孩子，培养家长"为主题的家园共育研究（实践）方向，大胆探索适合幼儿园发展的家园共育策略。他们从实践中发现问题，再把问题转换为实践，逐步形成符合农村幼儿园实际的"五步连锁家园共育"新模式，即通过开展的各项活动，让家长走"接受—靠拢—亲身体验和感受—积极配合—主动多元参与"的五步递进式连锁途径。特别是幼儿园"班级有约"分层式家长会的召开更是让人眼前一亮，他们根据孩子特点的不同，把家长分组，然后在一日活动的各个环节中邀请家长在不同时间段与孩子的活动：接送时间的调整、膳食花样的确定、班级环境的创设……让家长由听众变为主讲，家长们的积极性越来越高、效果越来越好！有效地破解了农村幼儿园家园共育的难题。

　　"在了解的基础上参与管理，形成育人合力"，羊口镇中心幼儿园"开门评教"的做法值得称赞。家长在走进幼儿园观摩幼儿生活、游戏等环节之后，全面直观地了解孩子的发展水平。然后，幼儿园向社会、家长公开幼儿园电话和园长电子邮箱，使家长对教育的诉求有一个快捷的"绿色"通道。同时，他们还通过"小纸条""微信群""家长会""心连心家教小报"等方式，对家长较为关注的热点、难点问题以及各类教育问题进行征集、汇总和解决，既增强了幼儿园工作的透明度，又使幼儿园、家庭形成了强大的教育合力，有力地促进保教质量的提升，让孩子获得健康发展。

（三）措施保障，砥砺前行

为了保证家园共育工作持久有效地开展，教育局采取多种措施保证活动顺利进行。如每年召开一次家园共育专题观摩会，由先进单位进行典型经验交流，并进行现场观摩，以先进促后进，用身边的榜样去带动引领；对优秀单位拨付专项资金进行表彰鼓励等。

四、活动成效

《幼儿园教育指导纲要》中指出，幼儿园一切活动的落脚点都是为了孩子的成长，一切利于孩子成长的活动，我们都应该持之以恒。近几年来，寿光市教育局家园共育工作的开展卓见成效。

（1）达成了一个目标：促进孩子成长；

（2）实现两个追求：引领家长智慧教养和有价值的陪伴；

（3）完成三个突破：打破家长的传统观念，改变孩子的传统玩法，挑战教师的传统教学；

（4）实现四大受益：孩子、家长、家庭的成长以及对社会的辐射影响；

（5）享受终身所需：为孩子一生幸福奠基。

家园共育工作的开展，融洽了家园关系，提高了家长、社会对幼儿园工作的信任度，增强了幼儿园的美誉度，近几年的投诉率不断降低，家长参与幼儿园管理的积极性空前高涨。让家园同起点、同方向、同目标，为了孩子的健康成长而砥砺前行！

问题变课题，用教研搬走教育难题

"研究"两个字历来让许多一线教师敬而远之、望而却步，特别是对于幼儿园教师来说，教学科研更被看作一道不可逾越的难题，很多教师选择发展成为"经验型教师"而非"研究型教师""专家型教师"。

教育研究，是教师对教育经验的一种反思、总结和提升，是把自己好的教育经验转化为教育理论，再作用于教育实践的过程。在这一过程中，可以引发教师思考，为解决问题进行一些有益的尝试，从而形成新的教学经验，更好地为教育提供服务。引领教师及时发现教育问题、确立研究主题，并付诸实施，是促进教师专业成长的重要途径。

一、"问题即课题"让问题有解

在每位教师的教育实践中，总会或多或少地遇到难以解决的问题，如果把这些问题忽略，它们就会成为阻碍教育实践的挡路石。

如果把这些问题作为教育研究的选题，在教育实践中不断进行反思、突破，即实施"问题即课题"策略，会大大提高我们的教育质量。

在长期的教育实践中，笔者发现虽然一些孩子对画画和讲故事很感兴趣，但是时间久了也会兴趣索然。如何在美术、语言两个领域中，找到一个合适的切入点，去培养孩子的绘画能力、口语表达能力？

这一难题激发了笔者开展课题研究的兴趣，于是我们确立了"童话童画，话画相长"这个教育研究课题。为了让教学研究不流于形式，实现最大的作用，我们穿插了各项丰富多彩的活动。例如，在孩子们中间开展了"童言童语绘童画"自制小书活动、"经典故事同画异构"自制大书活动，鼓励孩子用自己的"话"对自己的"画"进行大胆表述，激发了孩子们的活动兴趣。

这一课题的研究和尝试，增强了孩子们的绘画技能和表达能力，幼儿在绘画技巧、颜色的使用、线条的勾勒、画面的安排等方面有了进步，也在"说连贯的话、流利表达自己的意愿、词汇的丰富"等方面获得了发展，通过两项活动的有机结合，提高了孩子们语言表达和绘画表现的能力。

二、"经验即课题"可提升经验

教育实践中存在的问题可以作为研究选题，好的经验同样也可以作为选题进行深入研究。把经验当作课题，减少了摸索的时间，可以少走弯路，研究效果更加明显。

幼儿园教师成长档案一直是教师管理的重要内容。几年来，我们总结了一些好的经验做法，例如教师成长档案的设计、如何更新档案内容、如何体现教师成长足迹、如何在记录的基础上体现教师评价等，形成了一个初具规模的"模板"。我们对这些经验做法进行了梳理，确立了"建立成长档案，有效促进幼儿教师专业成长"的研究课题，提升了教师档案建立的质量。在此基础上我们还定期对档案的管理进行意见征求，不断完善、丰富档案内容，见证了每位教师的成长足迹。"建立成长档案，有效促进幼儿教师的专业成长"研究课题曾经获得地区"金点子"评选活动一等奖，并在山东省中小学教育科研优秀成果评选中获一等奖。

幼儿园实行"教师成长档案"管理已有三年之久，并且会把教师上学期的"成长档案"进行保存留档，教师的"个人成长档案"其实就是一种资料的积累，是教师发展和孩子发展的一个缩影，所有教师年复一年的电子档案就可以记录下一个园所的发展历程，如果时间够长，甚至可以反映一段时间内幼教发展的历程。这将成为编撰园史的第一手材料，同时也是一个教师评优、晋级、提干的依据。建立档案，使教师在反思中获得了快速成长，专业素质明显提高。

查阅教师的"个人成长档案",我们能够强烈地感受到教师的反思意识和不断突破自我的渴望。"成长档案"的实行,让教师们改掉了工作杂乱无序的不良习惯。丰富的共享资源,让教师工作更便利,让团队发展更优秀,提升了整个园所的管理水平,激发了教师写作的灵感与热情,为新老教师青蓝互助、携手共进提供了一个良好的平台,为幼儿园持续稳定发展积累了丰富的经验和素材。

三、"瓶颈即课题"能突破困境

阻碍工作顺利开展的瓶颈,也是教学科研的重要资源。因为瓶颈往往能够引起我们更加深刻的思考,花费我们更多的精力,每当其得到突破,也更具有价值。

幼儿园提倡进行"精细化"管理,但是幼儿年龄小,对各种要求和制度的接受能力较弱,加之各项制度和要求的篇幅较长、种类繁多,具有一定的复杂性,不易于教师和孩子接受。各项制度中的用词比较严格、生硬,不符合孩子的年龄特点,不利于教师和孩子理解和吸纳,使制度得不到很好的贯彻和落实。在日常的工作中,教师和孩子对各种要求和制度有时会疏于认知,从而成为"冲撞"制度的"牺牲品",这在很大程度上挫伤了教师的工作积极性。

在教育实践中,实施"精细化"管理离我们的初衷越来越远,管理瓶颈逐渐形成。为了突破这个问题,笔者从孩子的年龄特点出发,从教师的实际需求出发,把制度儿歌化,确立了"制度儿歌化,唱响精细化管理主旋律"的课题研究,为了体现制度的人文化,所有的制度儿歌都是从教师中征集出来的,体现了"制度来自教师,用之于教师"的模式。

儿歌用词响亮、格调欢快、朗朗上口、易懂易记,容易被师生所熟知。制度儿歌化,使制度的贯彻和落实更加扎实有效,降低了教师在执行制度时的逆反心理,大大激发了教师的工作积极性,促进了孩子对要求的认可和应用。制度儿歌化以其独特的魅力,更好地服务于我们的教学管理。

由此我们确立了"制度儿歌化,唱响精细化管理主旋律"的课题,其成果获得山东省中小学优秀科研成果一等奖等多个奖项。

　　基于教育实践的研究，它来源于实践、需要研究去解答，所以操作起来更具有指导性和可行性。但在确立课题研究时要明确两个出发点，一是其必须要符合孩子的年龄特点、认知特点，让孩子在快乐中获得成长；二是课题必须要建立在为教学实践服务的基础上，能够解决教育实践中的问题，避免成为走形式、不切实际的研究。有句话说"不要因为走得太远，而忘记为什么出发"，我们要紧紧把握课题研究的本质，让教育研究成为指导和服务教育实践的一把利剑。

　　其实，研究离我们的教育实践真的不远，它只是需要我们多一双关注问题的眼睛，它可以是孩子的就餐问题，也可以是某个教学领域中难点的突破，总而言之，它就是每个教师且行且思的过程积累，唯有不断思考，才能使教师在教学中研究，在研究中成长。

　　　　　　　　　　　　　　　　　　　本文曾在《中国教育报》发表

强化"五字方针",打造育人精良之师

我党历来高度重视作风建设工作,今年又恰逢落实党的第十二次党代会精神开局之年。近段时间以来,文正教育集团深刻领会寿光市作风建设活动会议精神,突出党员教师的先锋模范作用,在全体教师中开展了强化"五字方针"比赶超活动,展现了你追我赶的良好精神风貌,为孩子的健康成长保驾护航。

一、关注一个"心"字

俗话说"世上无难事,只怕有心人",幼教工作可以说是"麻雀虽小,五脏俱全",面对这么多年龄尚小的孩子,幼儿园教师必须加倍用心工作。我们力争在孩子的一日生活的各个环节中,做到"用心、爱心、细心",像对待自己的孩子一样对待每一名幼儿,从用心准备一节优质课,到细心照顾孩子的饮食起居,我们既有为人师者的理性关怀,又有为人父母般的爱心呵护。

二、抓牢一个"精"字

在教育教学的每个环节中,我们都力求做到精益求精。集团制定了《幼儿园精细化管理办法》,每位教师从活动室物品的摆放,到玩教具的定位规范管理,再到教育理念的更新和教育行为的自律要求,都是精中求细,从而形成良好的教育习惯,用自己的言行影响孩子,做好孩子身边的榜样。

三、贯穿一个"爱"字

幼儿教育事业是一个爱的事业。家长把孩子交到我们手里的那一刻起，其实就是把一种信任和肯定交给了我们。3—6岁的儿童，以自我为中心的特点明显，从早到晚，充斥在耳边的此起彼伏的告状声、吵闹声，是我们一天的主旋律，这样的一个群体，需要我们付出更多的爱心和耐心，用父母般的爱去呵护他们，用伙伴般的爱去接纳他们，用朋友般的爱去包容他们，让每个孩子徜徉在爱的海洋中，并学会去爱身边的每个人。

四、落实一个"责"字

责任重于泰山，责任高于一切。医生的责任是救死扶伤，教师的责任是教书育人，而幼儿园教师的责任更是一种塑造、熏陶、用生命去影响另一个生命，在这里没有追名逐利，只有追逐嬉戏；在这里没有尔虞我诈，只有纯真的笑容。集团根据幼儿园的实际情况，制定了一系列安全、教学、饮食等责任书，最大限度地保证了孩子们在园安全快乐地成长。

五、追求一个"赢"字

把简单的事情做好就是不简单，把平凡的事情做好就是不平凡，幼儿园教师在日复一日的简单重复中，扎实做事，踏实做人，坚守自己的信念，履行自己的职责，每个人出彩了，这个团队才有光，个人成功是基础，团队共赢才是我们最终的追求！

先"猜"后"讲"，让一个故事呈现多个版本

　　在幼儿园传统的故事教学中，一般的模式都是教师讲故事、教师提问、幼儿表演故事、幼儿复述故事等，表面上看来，孩子对故事情节掌握得比较好，达到了教师"预期"的目标，但是在这个过程中，教师是教学主体，孩子只是跟随者，严重扼杀了孩子们的想象力、表现能力和创造能力。所以，教师应运用先"猜"后"讲"的方法，通过故事教学这个载体，为幼儿创设一个自由想象的空间，培养幼儿的创新能力。

　　在教学活动中，运用不同的教学方法会起到不同的教育作用，对促进幼儿发展的意义也相差甚远。

　　例如，大班上学期中的故事《皮鞋车》，教学方式A：按照传统的教学方式组织教学，即从头到尾进行完整讲述。

　　草地上躺着一只破皮鞋，小兔子经过这儿，用脚踢了踢说："多破的鞋子呀！"说完，就蹦蹦跳跳地走开了。小松鼠经过这儿，看见了这只鞋子，说："多臭的鞋子呀！"说完，捂着鼻子走开了。小鼹鼠经过这儿，看见了这只鞋子，说："丢了多可惜呀！"它上看下看，左瞧右瞧，又想了想，笑着说："嘿，有了！"

　　小鼹鼠找来一块抹布，把皮鞋擦得干干净净的，又给皮鞋刷上了漂亮的颜色，最后又给皮鞋安上了轮子和方向盘，一辆干净漂亮的皮鞋车就做好了，小鼹鼠擦擦汗，满意地说："哈哈，我有一辆皮鞋车了！"

嘀嘀！小鼹鼠开着皮鞋车，送小兔子去上学。小兔子说："小鼹鼠，谢谢你，你的皮鞋车真漂亮！真可惜，我没有。"嘀嘀！小鼹鼠开着车，给小松鼠运松果，小松鼠说："小鼹鼠，谢谢你，你的皮鞋车真漂亮！真可惜，我没有。"小兔子和小松鼠都羡慕小鼹鼠有一辆干净漂亮的皮鞋车，可是它们都忘记了自己经过草地时遇到的那只旧皮鞋。

教学方式B，运用先猜测故事情节的方法组织教学，让孩子们根据自己的意愿进行自由猜测，激发了孩子们的讲述积极性，培养了孩子们的想象能力和创新能力。

（先出示旧皮鞋的实物，让幼儿进行讨论：如果你拥有一双这样的鞋子，你打算怎么做？让幼儿进行自由表述。这样做的好处在于，孩子不受故事原型的限制，能够充分发挥自己的想象，孩子们在分享的过程中，进行了原有经验的再现和新经验的建构。）

教师对孩子的想法给予肯定，并说："你们的想法都很好，很多小动物们也发现了这双旧皮鞋，它们是怎么做的呢？"然后教师分段讲故事。

草地上躺着一只破皮鞋，小兔子经过这儿，用脚踢了踢说："多破的鞋子呀！"说完，就蹦蹦跳跳地走开了。小松鼠经过这儿，看见了这只鞋子，说："多臭的鞋子呀！"说完，捂着鼻子走开了。小鼹鼠经过这儿，看见了这只鞋子，说："丢了多可惜呀！"它上看下看，左瞧右瞧，又想了想，笑着说："嘿，有了！"

（提问：你觉得小鼹鼠会怎样做？孩子们根据自己的猜测进行想象和讲述。孩子们进行分享后，教师说："那我们来听听故事中的小鼹鼠是怎么做的呢？"）

小鼹鼠找来一块抹布，把皮鞋擦得干干净净的，又给皮鞋刷上了漂亮的颜色，最后又给皮鞋安上了轮子和方向盘，一辆干净漂亮的皮鞋车就做好了，小鼹鼠擦擦汗，满意地说："哈哈，我有一辆皮鞋车了！"

（提问：小鼹鼠拥有了一辆皮鞋车会做什么呢？激发孩子进一步进行猜测和想象。）

嘀嘀！小鼹鼠开着皮鞋车，送小兔子去上学。小兔子说："小鼹鼠，谢谢你，你的皮鞋车真漂亮！真可惜，我没有。"嘀嘀！小鼹鼠开着车，给小松鼠运松果，小松鼠说："小鼹鼠，谢谢你，你的皮鞋车真漂亮！真可惜，我没有。"小兔子和小松鼠都羡慕小鼹鼠有一辆干净漂亮的皮鞋车，可是它们都忘记了自己经过草地时遇到的那只旧皮鞋。

从以上案例可以看出，教学方式A，是一种传统的教学方法，教师从头到尾完整讲述，幼儿只是停留在对故事情节的记忆中，这种填鸭式的灌输方法，让孩子的思维得不到锻炼，价值不大。而教学方式B，采取了"先猜后讲"的方式，通过合理的停顿，让孩子先猜测故事如何发展，尊重了孩子的想象意愿，激发了他们大胆表述的兴趣，符合语言教学中提出的"想说、敢说、愿意说"的领域目标。

在故事教学中，如何才能运用好"先猜后讲"这种教学方法呢？

一、从"遵循预设"到"关注生成"的转化

在幼儿园的教学活动中，特别是公开教学中，教师为了追求预设的效果或目标，只关注预设话题，出现了"背教案""背孩子"而不是"备教案""备孩子"，从而导致教师是主体、孩子只是跟随者的现象，严重扼杀了孩子们的想象力。所以，要做到从"背"到"备"的转化，从"遵循预设"到"关注生成"的转化，就要提高教师随堂应变的能力，敢于接过孩子抛过来的球，因为在让孩子猜测的环节中，孩子不会按照教师预定的环节进行表述。会收会放，实现良好的师幼互动，这是培养孩子创新思维的重要因素。

二、关注好"三个猜测"

根据不同的故事类型，做好故事前的猜测、故事中的猜测和故事后的猜测。

例如《花婆婆》故事，为了便于让孩子理解故事内容，可以在讲故事前就让孩子们猜测，"说一说，你觉得花婆婆是一个怎样的人"；在故事《萝卜回来了》中，可以先讲述开头和结尾，然后让孩子根据结尾进行猜测，"萝卜是怎么回来的"，让孩子充分发挥自己的想象力，进行激烈的讨论，

经过一番头脑风暴后，教师呈现故事原型。在呈现故事原型时，教师注意不能把故事原型当成是标准答案，可以说，"老师也想了一个故事，跟小朋友们分享一下"，不能用故事原型打击孩子的想象积极性；对于故事情节比较丰富曲折的故事，适合进行故事中的猜测，例如《聪明的乌龟》《小猪盖房子》等。

三、鼓励幼儿进行故事创编

很多孩子对一些故事的结局存在质疑，例如《龟兔赛跑》，教师要大胆鼓励孩子根据自己的意愿进行"结局的再猜测"，即故事的续编、改编等，在这个过程中，通过对故事的开始、过程、结尾进行一系列的改编，会大大激发孩子的想象力和创作的灵感，萌发孩子创作的欲望，对孩子前阅读能力的发展起到很好的帮助。

四、教师提问要激发孩子的猜测欲望

在教学活动中，"有效性提问"是实现良好的师幼互动的关键因素，为了激发孩子的猜测欲望，教师要多设计"开放性提问"。例如在故事《萝卜回来了》中，为了升华教学主题，我设计的提问是"你觉得，小朋友之间应该如何相处"，这样，就拓宽了孩子们想象的空间，培养了他们创新思维的习惯。

本文纳入潍坊教科院编纂的《幼儿想象力培养100法》汇编中，由山东人民出版社正式出版

幼儿游戏中教师的六种角色

当今社会正处于一个不断经历深刻变革的时代，由此也引发了教育形式的变革，我们的教育开始由"知识储备型"向"培养终身发展品质"转变。随着教育方式和学习方式的转变，幼儿教师的专业化发展也逐渐面临新的挑战。为此，我们开始积极探索"游戏课程化"背景下，教师的专业成长的适宜路径，即教师的角色定位。

首先，我们回顾一个案例。在一次木工坊活动中，有一个小男孩儿，用一个锯齿很细的锯子想锯断一块木头，来回锯了好长时间也没能锯断，这时候，旁边有个实习生看不下去了，于是为这个孩子找来了更大的锯子，小男孩儿当时看了看教师，极不情愿地接过锯子，来回锯了两下，又换回了原来的锯子。这个案例引起我们深深的反思，教师在这个游戏中所呈现出的专业性在哪儿？

一、做司机，目标明确

我们知道，司机是一辆列车的总控制人，但是决定最终目的地的不是司机，而是乘客。在每一个游戏活动中，教师就是司机，而孩子就是乘客，教师在游戏活动中的作用就是根据乘客的指令，安全有效地把乘客送达目的地，司机只是一个服务者。做司机需要明确目标，这个目标是广义上的大目标，即指向幼儿的发展。幼儿在游戏过程中，从一个游戏生成另一个游戏是师生互动、生生互动的结果，这个结果的优劣，直接决定目标是否能有效达成。所以，在游戏活动中，教师首先需要明确自身角色就是司机，对孩子支持而不打扰。温州大学的林炎琴教授也说过："开展真游戏并不难，没有成人在旁边，孩子玩的绝对是真游戏，难的是活游戏，孩子在游戏中教师如何与孩子互动，使游戏有戏。前者任何地方都能做，后者教师必须要有专业素养。"是的，理念的更新和转变可能相对简单，但是将理念转化为行动，让实践落地却不是一朝一夕就能做到的，需要教师有接纳力和执行力，对教师的专业素养提出了更高的要求。

二、做管家，提供材料

丰富适宜的材料永远是孩子游戏活动的物质保障，材料丰富了，才能创设更多的游戏情境。材料最主要的价值是引发游戏，玩法不固定的材料更能激发孩子的创造性，所以在材料投放方面，要多为孩子提供低结构、可移动、可组合的材料，实行"分类存放，跨区使用"，让孩子自主选择材料，在这个总要求下，根据各区的不同，灵活准备材料。例如建构区，尽量做到数量充足，不要让孩子因为找不到材料而终止游戏，但是种类不要太多；表演区的材料建议刚刚好就行。

游戏环境遍布幼儿园的角角落落，活动室、功能室、小阳台、大院子都是幼儿的游戏场。游戏环境装饰和材料投放不再追求高大上、美精贵，幼儿园为孩子们提供了大量的生活工具、原材料及低结构材料，并采取就近取放、分类的管理模式，分散在区域的各个地方。孩子们运用这些原材料和低结构材料创造性地玩出智慧，在这样的自主游戏中尽情享受，这才是孩子们真正需要的材料，这才是孩子们真正的幸福。

三、做懒人，懂得放手

记得在某次游戏活动中，一个小女孩儿对老师说过这样一句话："你不管我，我就发展了。"这句话给予了我们很深的启发。小女孩儿口中的"管"，其实就是如何介入和放手的问题，我们需要深刻地思考一个问题："什么是真正地放手？"记得在一次滚筒游戏中，站在滚筒旁边的教师刚开始怕孩子摔着所以不敢放手，当要求她放手后，孩子有危险时她却又不知道如何保护。我们的教师很听话，让放手就放手，但是我们的教师思维却又很固化。真正的放手是不干预孩子的正常游戏、不打断孩子的游戏，不是对游戏中的危险隐患视而不见，所以，"什么是真正的放手？怎样做到真正的放手"也是教师专业素养的重要内容。我们要坚信，儿童的最近发展区是儿童自己创造的，儿童在游戏中是小步递进的、自我发展的，当我们真正放开手，不做高控型教师，信任孩子具有无限的可能，静心观察后，我们会发现：孩子才是真正的游戏高手！尝到了甜头后的教师更加坚定方向，让儿童在前，教师在后，追随孩子做教育，我们的孩子才能更加自主。

四、做摄影师，学会观察

余秋雨在《文化苦旅》中有一段话，"大地默默无言，只要来一二个有悟性的文人一站，它封存久远的文化内涵也就能哗的一声奔泻而出"。同样，对各方面发展尚未完善的幼儿而言，其言语和内心也易被成人忽视，此时，只要有"有悟性"的教师出现，儿童的内心就也能被听到、行为也能被看见。那教师的"悟性"是什么？

笔者认为是观察与倾听，这是首要且最为基本的，在儿童的游戏中，每一位教师都要做隐形、细微的观察者。然而，面对一群懵懂的孩子，教师却要退出成为一名默默无言的观察者，其心里是不放心与不相信的。这就要教师们坚定一个信念：儿童是有能力的、主动的学习者。我们要相信即使没有教师，幼儿也能在自发的游戏和开放的生活中不断地学习与发展。这是儿童主导的发展主战场，我们教师要做的是观察、解读与支持。

我们能做到的是创造一个良好的自然发展生态，让儿童在不被成人左右的自然状态下自主游戏，教师在不打扰、不干涉的状态下细致观察。观察儿童的游戏状态，他们是怎样玩的？运用了哪些材料？如何解决游戏中的矛盾与冲突？只有在这种状态下，我们观察到的儿童才是真实的，我们才能做到"读懂儿童"，也只有这样，我们才能把握教育契机，我们后续的支持才会是有效的，这才是真正的教育。

当你着手去做，你会发现观察多了，对孩子的发展自然会变得敏感起来，这种敏感性又会进一步促进教师的观察能力的提升，以此形成一个不断发展进步的良性循环。

五、做心理学家，分析支持

对教师而言，观察是读懂儿童的入口，在观察的基础上，教师要更进一步，去解读儿童的行为、分析行为背后蕴含的发展潜能，并且发挥自身的专业性和指导性去"适时介入、有效支持"，帮助儿童达成应有的发展水平，这才是我们的终极目标，同样，这也是考验幼儿教师专业能力的难点所在。

瑞吉欧说过："师幼互动就像打乒乓球，教师要接住孩子抛过来的球。"其实，解读、支持就是一个接球再抛球的过程，如高手过招，教师只有尽快成长为高手，才能接住孩子的球，并再次抛出完美的弧线。同时，这也是一个需要沉下心来、一步一个脚印走下去的过程，你走过的弯路会是你进行自我修正的宝贵经历。教师的分析和介入会影响幼儿游戏的推进与自身的发展，但是，对教师而言，犯错也是一个很好的成长机会，有时，教师的成长和孩子的成长轨迹是相同的，我们明白孩子自我建构经验的重要性，同样，我们也要给教师试误的机会。

六、做律师，坚守规则

《看见未来》这本书中提到，"我们的教育正在为一个'尚未存在的社会'培养新人"。在未来发展趋势中，我们培养的幼儿除了具有创造力、想象力、批判性思维外，更应该具有良好的社会规范和价值取向。

我们倡导给儿童自主发展、自己掌握游戏的权利，开展自由、自主、自觉的游戏，但这并不等同于可以忽视规则。作为幼儿教师要有定力，不能走极端，我们要明确：自由自主不是无秩序，放手更不等于放纵，教师要把握好自由与规则的界限和"度"。

比如，游戏进行时的自由自主与游戏结束后的材料整理便是自由与规则的最好体现，华爱华教授说过，"游戏结束后的材料整理也是课程的重要部分"，游戏过程中幼儿可以自由使用、自主选择游戏材料，游戏结束后，教师便要给予孩子充分的整理时间，让孩子把游戏材料回归原位，在享受自由的同时遵守规则。这些看似抽象的观念，其实孩子的心里都是有感受的，教师要做的是给幼儿自由、自主的权利，同时要帮助幼儿建立规则，并不断地在儿童的生活与游戏中落实。

所以，教师专业素养的提升和游戏的推进两项工作相辅相成。教师专业素养的不断提升推动着游戏的开展，游戏开展过程中出现的问题又促使教师通过教研等形式来解决，从而保证两项工作得以螺旋式发展。专业的人做专业的事，这也是我们幼儿园教师增强职业幸福感的重要所在。

本文曾在《幼教园地》发表

与孩子"斗"其乐无穷

【案例】

一个悠闲的周末的下午，邻居小男孩儿匆匆跑到我家，神秘且急促地告诉我："阿姨，你家乐乐拿着20块钱，到超市买了好多东西呢！"我听了，脑海中急速闪过一个念头：儿子偷钱？立即，愤怒、担心遍布了我的整个头脑。

我用最快的速度找到了儿子，本以为他正在跟他的朋友分享那"20元的战利品"呢，却看见他正在小区的广场上跟其他孩子玩得若无其事，没有一点吃东西的痕迹，这是怎么回事呢？见到这样的情景，理智告诉我，先弄清楚事情原因再说。

我装着一副着急的样子："乐乐，先回家吧，我们要去超市了。"回到家后，为了让儿子把事情说清楚，我尽量控制着自己的情绪，心里虽然翻江倒海，表面努力做到风平浪静。儿子看到我如此心平气和，便很诚实地跟我"交代"了事情的经过：钱是存钱罐里的，东西是几个朋友一起买的，但是，买东西的背后还有着更大的秘密。

东西买回来后，为了不让爸爸妈妈发现，他们几个竟然把东西全部埋在了小区里的一个沙堆里，等待慢慢享受呢。

整个事情终于真相大白了，我看着面前可爱又可气的儿子，快速思考着，该如何解决这个问题呢？不能让儿子受到伤害，更重要的是让儿子改掉这个坏毛病。

首先，我跟儿子一起来到沙堆旁，把所有的东西都挖了出来。交换条件是：挖出来可以，但是我不能批评他。当然，我答应了他。

答应了不能批评，当然不能食言。不能批评，不等于不进行教育，而如何教育，是一个重要的问题。

挖出了他的"宝贝"，我和儿子欢快地走在回家的路上，尽管，我的欢快是装出来的。这是为了尽量让他感到我和他不是对立的，让儿子从心理上不排斥我，以便接下来的谈话更加顺利和融洽。

我跟儿子说："你想买东西时，可以告诉妈妈，妈妈跟你一起买。"他理直气壮地说："妈妈，我跟你说了，你也不会给我买的。"其实，儿子说得很对，他们喜欢吃的东西，什么辣条，什么拖肥，在我们成人眼里都是"垃圾食品"，当然不会满足他们的要求。为了让儿子明白这个道理，我耐心地跟儿子进行了讲解，想到儿子喜欢上网，于是，我们又一起打开网络，让儿子从网络中找到他最信服的答案。

关于钱的问题，我也非常严肃地跟孩子进行了交流，其实，在孩子各种意识不成熟的时候，他们对自己做出的很多行为真的没有是非之分，所以，我对儿子说，以后有需要要告诉妈妈，不能这样"悄悄地拿"。一个"悄悄地拿"，让儿子突然之间明白了很多、长大了很多。

接下来，我跟儿子又讨论了关于"批评"的话题，儿子很率真地说出了他的想法，他说，不愿意看到当老师的妈妈把老师的角色带到家里来，他希望他的妈妈像电视广告中的妈妈那样温柔和气。

就这样，在心平气和中，我跟儿子耐心交流着，在不知不觉中，他明白了道理，而更重要的是，从那之后，再也没有发生这样的事情。

【反思】

有句话说，"好妈妈胜过好老师"，是啊，一个睿智、有耐心的妈妈才能培养一个懂宽容、有爱心的好孩子，有时候，简单、粗暴的处理方法只能导致事情恶化。其实，在跟孩子斗智斗勇的过程中，不仅让家长放下了所谓尊严的架子，走进了孩子的内心，更重要的是保护了孩子的自尊，在轻松和谐的氛围中，让本来棘手的问题得到最完美的解决。下面分享我在跟孩子相处过程中的几个小策略。

1. 接纳法

要尊重孩子的年龄特点，"犯错误"是孩子成长过程中的必然现象。有时候，孩子所"犯的错误"不是真正意义上的错误，而是他们在探索这个世界的过程中，因为好奇所做出的不恰当的表达方式而已。对于这些现象，不论家长还是教师，一定要从孩子的年龄特点出发，去接纳他们，更重要的是去帮助他们，让他们懂得这种行为给别人带来的伤害，学会设身处地地为别人考虑，从而逐渐学会明辨是非。

2. 后果前置法

想必很多家长都有这样的经历：面对孩子的"错误"，不问青红皂白，先是大批一顿，甚至大打出手，事情过后，很多家长表示"打在孩子身上，痛在自己心上""以后再也不打孩子了"等，后悔不已。所以，"后果前置法"就是让家长事先要想到这样简单粗暴地处理所产生的不良后果，想想孩子可怜的泪眼，想想自己懊悔不已的心情，便会提醒自己找到更合适的解决办法，免得"两败俱伤"。

3. 深呼吸法

对于孩子的"错误"做法，大部分家长都会"火冒三丈"，其实，家长这种处理事情的方式，也会潜移默化地影响到孩子，让孩子从家长身上学会简单粗暴的处事方式。建议家长遇到问题时，尽量控制自己的急躁情绪，先深呼吸，从1数到30，让自己冷静下来，等情绪稳定后，再进行处理，做个"不生气的妈妈"，惬意地陪伴孩子成长。

让我们每一个为人父母者，从现在起，做孩子的朋友，与孩子一起，分享成长的快乐！

与孩子"斗"，真的其乐无穷！

本文曾获寿光市"给家长的建议"征文比赛一等奖第一名

第一篇 论文硕果

在户外活动中培养幼儿的空间知觉能力

空间知觉是一种比较复杂的知觉，是由视觉、听觉、运动觉和触觉等多种分析器联合活动来实现的，它是物体的形状、大小、远近、方位等空间特性在人脑中的反映。空间知觉包括形状知觉、大小知觉、距离知觉、立体知觉和方位知觉。幼儿的空间知觉最初是通过运动觉和触觉发展起来的，即通过实际的行走和触摸，才能辨别物体的方位和距离，逐渐掌握一些空间概念。而幼儿园的户外活动因其活动时间宽松、活动形式灵活、活动器械丰富等因素，为孩子们提供了观察、触摸、感知的空间，是培养幼儿空间知觉能力很好的载体。

一、器械投放多样化，培养幼儿的大小形状知觉

形状和大小是物体的空间特性。《幼儿园教育指导纲要（试行）》中指出，3岁幼儿能认识圆形、正方形、三角形；4岁幼儿能进一步认识长方形、菱形、梯形和椭圆形；5—6岁幼儿能认识圆柱体、立方体、正五边形、正六边形和平行四边形。同时，大小也是幼儿必须懂得的另一种物体属性。发展幼儿的形状、大小知觉要鼓励幼儿多看、多摸、多用手去操弄物体，所以，在户外活动场地中，我们为幼儿投放了大量可供幼儿操作的玩具。例如圆圆的呼啦圈、皮球、轮胎、滚环、废旧车轮、长长的平衡木、方方的大沙包、地垫等，各种形状的玩具一应俱全。在幼儿玩玩具的过程中对其进行形状认知的教育。例如：呼啦圈是什么样的？圆圆的（对呼啦圈形状有了定义），像什么？太阳、盆子、西瓜、轮胎……（同时联想到其他很多圆圆的东西）

它有多少种玩法？身上转、跳圈、滚着玩（在尝试玩呼啦圈的过程中，加深幼儿对圆形物品的形状了解，可以滚动、转动）……通过教师的引导，孩子们在玩呼啦圈的过程中，不仅拓展了自身的想象力，还对"圆"有了深刻的认知。除了投放丰富的器械外，我们还根据孩子的年龄特点，开展相应的活动。例如在小班幼儿中，我们开展了"钻山洞"的游戏，把大小不一的轮胎各固定成两排，大的轮胎是大山洞，小的轮胎是小山洞，孩子钻过大轮胎时，要说"我在钻大山洞"，钻过小轮胎时，要说"我在钻小山洞"。让孩子通过玩不同形状和大小的玩具，获得对形状和大小的感知。

二、户外活动游戏化，培养幼儿的方位知觉

方位知觉是指对物体的空间位置关系和对个体自身在空间所处的位置的知觉。如前、后、左、右、上、下、里、外、中间等方位词所代表的空间相对关系。

《幼儿园教育指导纲要（试行）》中指出：3岁儿童仅能辨别上下方位；4岁儿童开始能辨别前后方位；5岁儿童开始能以自身为中心辨别左右方位；6岁儿童能达到完全正确地辨别上下前后四个方位的水平，以自身为中心的左右辨别尚未发展完全。所以，在幼儿园排练舞蹈和课间操活动时，教师们给予孩子的示范都是镜面示范，这是跟幼儿方位知觉的发展密切相关的。

在户外活动中培养幼儿的方位知觉，不论对于小班还是中班的幼儿，"藏猫猫"都是一个最好的方式。例如，我们投放大纸箱，让孩子自由藏在纸箱的任何方位，当教师找到孩子后，强调说"噢，明明宝宝藏在了纸箱里面""祥祥宝宝藏在了纸箱的后面"等，让幼儿对方位有大体的认知。然后，再增加难度，开展新的游戏，让幼儿藏好，教师找到幼儿后，让幼儿自己说出藏在了纸箱的哪个方位，"我藏在了纸箱的里面""我藏在了纸箱的后面"等，通过提升难度，让幼儿进一步巩固对方位的感知。教师通过反复使用空间词汇，在潜移默化中培养幼儿的方位认知能力。或是在户外活动时，教师以一个大型物体为中心点，与孩子们玩方位奔跑游戏：请小朋友们

到滑梯下面、请小朋友们到平衡木上面……小班的孩子可局限于上、下、前、后等方位的练习，中、大班孩子增加左右方位的练习。在游戏时你会发现，将空间词汇融入奔跑游戏中，孩子们乐此不疲，无形中培养了幼儿的方位知觉。

三、游戏活动趣味化，培养幼儿的距离知觉

空间距离知觉是反映运动客体之间的空间距离，以及自身动作的运动间隔和动作活动范围的知觉。我们可以进行"小猴摘桃""踢球进门""套圈"等游戏活动，通过设置游戏情境，增加游戏活动的趣味性，激发幼儿参与游戏的积极性。不同的活动内容让幼儿使用不同的运动器官，感受身体位置的不同变化、距离远近变化和自身用力大小与距离的关系。如"小猴摘桃"游戏，我们把气球当作桃子拴在一条绳子上，设置好不同的高度，需要摘高的桃子时，孩子需要用力跳高才能摘下，摘低的桃子时，孩子只需要轻轻一跳或不需要跳就能摘下，这个游戏，需要幼儿根据桃子的高度进行估量，从而对不同高低、不同远近物体的知觉更加准确，提高幼儿的距离知觉。

四、玩具整理规范化，培养幼儿的立体概念

户外活动结束后，让幼儿整理玩具，也是培养幼儿空间知觉的好途径。如何在指定空间范围内摆放整齐，对幼儿来说极具挑战性，这无疑是培养幼儿空间知觉能力最好的方式。例如，我们幼儿园为了便于储存器械，设置了专门的"器械小屋"，而每次户外活动结束后，器械的整理工作也成了一项非常重要的工作，面对码放整齐的活动器械，孩子们的空间直觉能力也得到了提升。此外，对于能力不同的孩子们，教师需要进行分层指导。对于能力强的孩子，教师放手让孩子整理，并且可以提出更高的要求：除了这样整理，还有别的方法吗？对于能力较弱的幼儿，则要教给他们整理的方法，例如，将呼啦圈与大皮球摆放在一个大纸箱内，孩子们开始将呼啦圈竖着放，皮球就不能装进去；教师及时介入，跟孩子一起进行了调整，先将呼啦圈平

放在底部，然后再放球，就可以在大纸箱内装上这两样东西。在这个过程中，幼儿通过两种不同的摆放形式和结果，总结出了"大的放下面，小的放上面""一层一层堆放"的小方法，发展了空间直觉能力。

除了以上借助器械发展幼儿的空间直觉能力的方法外，其实，在户外活动中，还有很多无器械的游戏活动也能够发展幼儿的空间直觉能力，例如，揪尾巴、老鹰捉小鸡等游戏，让孩子们在不断的躲闪和追逐中，通过视觉判断、身体感知等进行空间知觉的训练；贴树皮的游戏，让幼儿在紧张有序的氛围中，进行前后方位空间的知觉训练。总之，户外活动是培养幼儿的空间知觉能力的最好载体，孩子们在各种游戏中潜移默化地进行了训练，称得上是真正意义上的"有心无痕"的教育。

珍爱生命，从关注生命教育开始

【案例回放】

　　"5·12"汶川大地震中，地处震区的安县桑枣镇桑枣中学在地震发生时，按照以往应急演练的经验，仅用时1分36秒，有序疏散2200名师生，创造出全校师生无一伤亡的奇迹。这个案例在全国引起了极大反响，让我们在敬畏生命的同时，更加关注"生命教育"的话题。

　　世纪学校幼儿园充分认识到生命教育的必要性，从孩子的年龄特点和心理特点出发，通过开展一系列既有意思又有意义的活动，对孩子进行"珍爱生命"教育，为孩子一生幸福奠基。

一、生命教育游戏化

　　《幼儿园教育指导纲要（试行）》中指出，"幼儿园教育应以游戏为基本活动"。生命教育对于幼儿来说，概念过于宽泛，难以理解，所以，寓生命教育于游戏之中，易于被孩子所接受，能够起到事半功倍的效果。在日常教学活动中，我们积极为孩子创设游戏情境，让孩子在参与游戏的过程中，了解生命的重要性，培养生存能力，懂得珍惜生命。

　　我们选择了部分有关的经典故事，让孩子进行表演，如《司马光砸缸》《聪明的乌龟》《小鸭找朋友》等，除了让孩子们表演故事，我们还会组织孩子针对故事情节进行讨论，例如，孩子们听完《司马光砸缸》的故事后，我们会提出几个话题：司马光看到小朋友掉进缸里，是怎么想的，又是怎么做的？如果你是司马光，你会怎么办？通过讨论，使当时的场景再现，孩子们更加深刻地了解了司马光的心理状态，引起孩子们深深的思考。并且，为了让这种经验转移，变成孩子今后处事的智慧，我们还会继续创设不同的情境，例如：你自己在家，有陌生人敲门怎么办？你跟爸爸妈妈走丢了怎么办？你在商场，突然起火怎么办？等等，让安全主题教育进一步升华，让孩子在身临情境中，知道生命的重要性，学会珍惜生命。

二、生命教育活动化

幼儿园一直注重"活动育人"的教学理念，关注活动过程，凸显活动效果。幼儿园的孩子年龄小，单纯的说教不能引起孩子的学习兴趣，难以保证活动效果。在日常教学实践中，我们力争通过创设不同的活动，让孩子了解生命的真谛，懂得珍惜生命。

我们幼儿园将每年的3月份确定为"安全月"，在"安全月"中，我们会通过开展"生命教育专题活动"，让孩子认识到生命的可贵。

例如，我们借助"我从哪里来""系列安全演习""生日的秘密"等活动，让孩子们通过讨论、查找资料、寻求帮助等方式探索生命的秘密，知道生命很神奇、很珍贵，人的生命只有一次等道理，让孩子们通过参与不同的活动、从不同的角度真正了解生命的起源、意义等。此外，我们还把"生命教育"与幼儿园的健康活动相结合，在健康活动中，我们会对各种中型体育器械进行组合，布置成不同的障碍，例如，没有食物的山洞、只能一个人通行的独木桥、超过标准高度的悬崖等，让孩子们完成动作技能的同时，进一步思考，在这样的环境下，我用什么样的办法保证自己的生命安全。让孩子们遇到困难时，要多问几个"为什么"，找到解决问题的方法。

三、生命教育课程化

孩子获取经验、建构知识体系，离不开集体教学活动，而将生命教育纳入课程管理，更是保证生命教育经常化、有效化的重要方式之一。每学期开始，我们都会对教学内容中涉及"生命教育"的相关教学活动进行梳理分类，例如《小威向前冲》《爱的故事》等，让孩子们在集体教学活动中，借鉴、吸纳同伴的经验，从而获得新知识，建构起自己新的知识体系。

在《小威向前冲》这节集体教学活动中，我们把最深奥的受孕、生育、遗传等知识传达给孩子，让孩子们知道，一个个鲜活的生命包含了太多的东西，也许孩子们会理解为"不容易"，也许孩子们会理解为"很难"，但是，通过活动，最终我们的孩子都能明白一个道理，那就是要珍惜生命。

另外，为了让"生命教育"的主题活动深入人心，我们每周安排一节"生命教育"主题课，每周确定不同的主题，例如"保护地球，就是保护生命""你害怕死亡吗""倾听来自大自然的声音"等，让孩子们知道不仅要保护自己及家人的生命，还要将这种理念延伸到自然界，知道所有的小动物、小花、小草都是有生命的，激发孩子热爱大自然的美好情感，拓展生命教育的内涵。

四、生命教育全员化

我们要树立起"大教育"的观念，不仅仅把生命教育当作幼儿园的事情，还要做好与社区、家庭的密切沟通，通过召开"家园联谊"等活动，让家长参与到生命教育中来。

我们利用"家长义工"的时间，让做医生、特别是妇产科医生的家长到园，为师生进行"生命教育"专题讲座，利用家长的资源优势，从最专业的角度，为孩子提供对于生命的解读。另外，我们还会组织部分幼儿参观社区的卫生室，让孩子们认识到健康的身体是拥有生命的重要前提，让孩子们从小关注健康、珍爱生命。

五、生命教育拓展化

广义的生命教育是一种全人类的教育，它不仅包括对生命的关注，而且包括对生存能力的培养和生命价值的提升。所以，除了在幼儿园开展系列活动外，我们还将活动的空间拓展到野外、户外等场所，创设特殊场所"生存岛"，对孩子进行挫折教育、逆境教育，磨炼孩子的意志，引导孩子认识到痛苦和苦难是生命的一部分，生命只有在战胜苦难中度过才会有乐趣、才会有生机。从而让孩子能够更加欣赏生命、珍惜生命、提升生命的意义和质量。

特别是带领孩子到"生存岛"进行体验活动时，我们会用不同的标志标记不同的场景，例如，波纹代表小河，在走铁索桥的时候，一定要保持平衡，一旦触及波纹，说明掉进了小河，会有生命危险，遇到了危险，要通过不同的求救信号进行求救，例如大声呼喊，通过一系列的情境体验，真正让孩子感受到生命的可贵。

生命，是一种美妙的存在，为了让孩子拥有幸福一生，请从关注生命教育开始吧！

本文曾在《幼教园地》发表

织密幼儿舌尖防护网

近期，河南新乡营养午餐事件又一次将学校的食品安全工作推向了风口浪尖。食品安全重于泰山，幼儿园的伙房管理是幼儿园管理的主要阵地。幼儿园孩子年龄小，身心发育不够成熟，鉴别能力差，承受能力弱，所以食品安全极其重要。另外，幼儿园人口密集，食品安全问题更是牵动千家万户的心弦，社会的关注度极高。幼儿园食品安全的重要性远大于一般意义上的食品安全。为此，根据《学校食品安全与营养健康管理规定》的要求，我们实施"防管育并重"系列措施，围绕"防范为先、管理为重、食育为本"三个方面，为全体师生筑牢"舌尖"安全屏障。

一、防范为先

2018年，芜湖某幼儿园因给孩子食用过期的米醋和生虫大米，导致全体孩子入院体检，不仅给孩子的身体健康造成了危害，还形成了重大舆情影响。所以，在孩子吃饭的安全问题上，我们不能有"亡羊补牢"的侥幸心理，在日常工作中，我园以"防范"为先，从"多看、多问、多走"三个方面对食品安全进行关注和落实。

一是重视关键环节，多看。首先，我们对关键环节进行了梳理，把进货关、粗加工关、幼儿就餐关等列入关键环节。例如在进货关，对每一种原材料坚持"两关三看"和"先检后入"的原则，"两关"是指供货商携带索证索票和药残检测报告送货，幼儿园由会计查验检测报告收货，将其存放在粗加工间，不入库；"三看"是指分别由保健医生、值班园长、伙房师傅详细查看。三个人各有查看的侧重点，一看是保健医生重新进行药残检测，检测合格方可入库；二看由值班园长进行质量验收，对于不合格的蔬菜水果进行退货或调换；三看由伙房师傅进行最后把关，对原材料进行粗加工后用盐水浸泡或焯水，最后方可进入操作间进行饭菜的烹制。在幼儿就餐关，由伙房师傅转班，查看幼儿就餐状态，了解孩子口味喜好，对饭菜的需求量及时掌握，便于菜品的再更新和食谱的再调整。这个环节也是最受孩子喜欢的环节，每当餐厅师傅来到班级里，孩子们都会主动跟师傅们交流自己喜欢的饭菜，而且为每个师傅都起了好听的代号，例如张师傅的代号是"吃嘛嘛香爷爷"、于师傅的代号是"好多鱼阿姨"，无形中增进了孩子们和师傅们的情感。

二是创新思维模式，多问。我们在餐厅师傅中开展了"三问一研"活动，一问昨天的问题整改了吗，二问今天的饭菜孩子们吃得如何，三问明天应该如何改进。一研是每周的座谈研讨会，这个会议不是某人的"一言堂"，也不是某人的照本宣科，而是让每个人在这个座谈会中都能"玩起来"，所以，这个会议被餐厅师傅们笑称为"满汉全席展示会"。幼儿园的很多新菜品就是在这个会议中诞生和更迭的。例如有一次餐厅杨师傅在转班的时候，有一个孩子跟她说"我好想在幼儿园吃到黏豆包啊"。于是，杨师傅回去之后，就从抖音中收集黏豆包的做法，并且根据孩子的口味进行了改良，减少了糖的用量，用葡萄干代替，经过多次改良和尝试，终于在下周四再吃包子的时候，在原来肉包子、素包子、糖三角的基础上，粗粮黏豆包也闪亮登场了，在孩子们的一片惊讶声中，杨师傅"黏豆包阿姨"的代号也因此诞生了。

三是关注网格管理，多走。我们不仅仅要关注园内环境，多走、多转，更要走出幼儿园，关注食材采购，学会比较与甄别。幼儿园食材采购必须严格遵循安全、健康、符合营养需要的原则，充分考虑到"多一道工序，就多一道安全保障"，在食材采购方面，采取定点采购的方式。此外，餐厅管理人员还要做好市场调研工作，蔬菜批发市场和农村大集上经常出现我们膳食管理人员的身影，她们及时了解时令蔬菜的品种和价格，定期为师生们更新菜品及同一菜品的不同烹饪方法，满足了他们的舌尖需求。

二、管理为重

食品安全一直是家长关注、社会热议的问题，无论是已发生的安全事故案例还是未出现的安全隐患及谣言，都应引起我们的足够重视，要将风险后果前置，让安全警钟长鸣。

一是评价先行，让管理过程看得见。评价是管理的一种有效手段，对于幼儿园餐厅工作的评价，我们不听成人汇报，而是由孩子说了算，关注来自孩子"舌尖"和"胃口"的反馈。通过"日反馈、周总结、月试吃"三个环节注重餐厅的过程性管理。每天的餐点时间，我们会提供透明的塑料直筒，让孩子们通过投放乒乓球的形式，选出自己最喜欢吃的饭菜，评选"最佳美食"和"最手巧师傅"，然后每周进行总结，以便调整下周食谱。每月设置"好吃一条街"，举行一次美食试吃活动，提前品尝即将更新的菜品和面点，通过以上活动，保证管理过程清晰可见、公开透明，以此确定对餐厅的评价。另外，近两年，因为疫情的原因，家委会不能进入伙房，原来的"伙委会试吃活动"也被迫停止，但家长迫切需要了解孩子的就餐情况。于是，膳食处的李主任就创新性地利用视频的形式，对幼儿餐食制作的环境、流程等环节进行拍摄，发送到班级群里，让家长从云端及时了解幼儿在园的就餐情况，增强了家园互动和沟通。

二是后果前置，让管理结果摸得着。有句话叫"落子无悔"，意思就是每步棋都很重要，走错了就没有后悔可言，所以走每一步棋都需要三思而行。这句话用在餐厅管理中，也是同样的道理。在餐厅管理中，我们也要提前预知一些问题和后果。例如我们的餐厅管理者和工作人员时刻牢记的一个句式就是"如果……就……""如果我规范操作各种设备，我就是安全的；如果我违规操作了，就有危险"等，既用正面的语言鼓励，也用反面的案例警醒。例如在我市的一所幼儿园中，孩子们中午吃了红烧鸡腿后，大批量出现了腹泻的现象，通过对留样进行检测，发现鸡腿食材本身没有任何问题，真正的原因竟然是烹饪时间不足，导致鸡腿不熟，孩子们食用后产生了腹泻现象。其实，很多食品安全事故的发生，并不是因为存在不可逾越的高大难问题，差的就是心再细一点、把关再严一点、操作再规范一点。通过对这些案例的回放，引起我们足够的重视，时时提醒我们一定要按章办事，不可疏忽大意，用预知后果、前置后果的形式敲响警钟。

三、食育为本

幼儿园的食品安全在多重工序和多级监督下筑起了一道道"舌尖屏障"，但这就是食品安全的全部吗？不是的。我们的孩子是食品安全的受益者，更是食品安全的参与者。吃什么、怎么吃、吃多少，孩子需要有自己的判断与认知，食育教育与食品安全紧密相连，是幼儿园食品安全不可或缺的一环。

一是食育课程筑"粮"心。一直以来饭来张口的孩子们对食品的由来一无所知。其实，生活本是活教材，植物的生长、食材的收获、美食的烹饪等就是生动的课堂。我们基于幼儿的年龄特点以"主题式食育、生活式食育、亲子式食育、种植式食育"为课程推进路径，通过幼儿的实际操作和亲身体验，激发幼儿热爱粮食和生活的美好情感。中一班教室阳台上一个个的小土豆在玻璃杯中发芽了，孩子们兴奋地将其移栽进菜园，浇水、施肥、捉虫，终于见花开，待到收获，怎么吃、谁来做等一连串问题迎面而来，由此引发了"疯狂的土豆"系列活动，他们体验着劳动、烹饪和品尝的乐趣，他们用自己的感官感知食物，在动手操作中学会对待食物的方式和态度。

二是幸福"食"光重熏陶。好好吃饭才能好好生活，所以吃饭应该是一件幸福的事情。我们在孩子的就餐环节，实施了"快乐吃饭三部曲"：餐前环节，小值日生播报菜单，协助教师准备取餐工具和餐桌绿植；进餐时间，轻音乐环绕，孩子每天可以选择和喜欢的朋友或者邀请陪餐老师一起"约会"；餐后环节，自主清理餐盘，漱口洗手。在自主和愉悦的氛围中，幼儿培养自理、自立的生活态度，养成受益一生的好习惯。

三是家园食安巧引导。家庭是孩子生活的主要场所，家庭食育教育至关重要。我们通过公众号、微信群、家园栏、家长课堂、公益短片、亲子活动等方式积极宣传，将家长吸纳为食育课程的践行者。对于偏食、挑食、肥胖的儿童制定饮食指南，指导家长做好科学引导；对于食品的安全性，在购物时家长要有意识地引导孩子学会甄别；对于孩子浪费食物的现象，以家庭劳动、农活体验等方式让其感受食物的来之不易。

让孩子吃好、吃饱、吃安全是幼儿园餐食管理的目标。在幼儿园的餐厅管理方面，我们必须以更严格的要求、更精细的标准、更人文的关怀，精心为每一个孩子做好每一份餐点，确保食品安全零失误，让幼儿园成为孩子们舌尖上的乐园，把幼儿园办成家长的放心园、社会的满意园。

本文曾在《中国教育报》发表

只为生命的觉醒

——山东省寿光文正教育集团"自主游戏"撷英

"左、右、左、右……"孩子们各自组队，以木板、平衡木
为舟，喊着号子，平稳而快速地前进

4000余平方米平坦的户外活动场地，辟开足够的游戏空间；60余株高大的法桐，遮蔽了盛夏炽热的阳光。时值户外自主建构时间，100多个孩子欢快地涌入，抬木板的、滚油桶的、架梯子的、搬轮胎的、抱木块的、拿道具的……穿梭往来于偌大的游戏场地，那阵势不啻"沙场秋点兵"。尔后，孩子们按照自主结成的小组三五成群，依照事先设计好的图纸，开始搭建心目中的作品。

不多时，奇幻的城堡落成了，威武的巨龙诞生了，威风凛凛的战车开来了，设计精巧的滑道成功了……

这是发生在山东省寿光文正教育集团文尚幼儿园户外自主建构游戏的生动一幕，也是文正教育集团全面开展"活游戏"的一个缩影。

著名学者周国平在评说理想人生时曾说道："人生有三个基本的觉醒：生命的觉醒，自我的觉醒，灵魂的觉醒。"前者是发现自然生命的真谛与价值；其次是要做自己人生的主人，对自己的人生负起责任；至于后者，虽说可能需要一生的修行，但是幼年时期的生命与自我的觉醒一定会为那灵魂的觉醒播下希望的种子。难怪当有记者问到诺贝尔奖得主卡皮察"您在哪所大学、哪个实验室里学到了您认为是最重要的东西？"时，这位白发苍苍的老人回答道："是在幼儿园。"

生命的觉醒需要环境为人，特别是幼儿的现实与未来发展提供自由、自主、自为、自省、自励的可能，文正教育集团倡行的"活游戏"恰是给了我们深刻的启示：为了孩子一生的精彩，我们今天应该做些什么？

一、自主：唤醒生命的活力

寿光文正教育集团成立于2015年，下辖市直机关、文轩、文达、文礼、文尚、东郭、上海公馆7所幼儿园和早教中心八大园区，全部为省级示范幼儿园。集团成立伊始，融合陶行知生活教育理念、杜威"教育即生长"思想和意大利瑞吉欧教育理念，把"遵循天性，启智养正"作为集团办学的核心理念，以"读懂每一个孩子"为园训，深入贯彻"让孩子在自主游戏中生长"的教学理念，把"游戏、养正"的精神贯彻到课程之中，努力培养有能力、有自信的学习者。集团上下勠力同心，正努力向着建设"全市一流，全省领先，全国有名"的教育集团阔步前行。

成立仅三年，其集团化办园优势就已充分显现，办园条件和教育质量诸方面得到快速发展，先后荣膺潍坊市三八红旗集体、潍坊市家庭教育示范幼儿园、省级十佳幼儿园、山东省"百佳游戏"和寿光特色学校等；10余项教学成果获寿光市政府成果奖；180多名教师在各种业务比赛评选活动中获得国家、省、市级荣誉称号，并多次为地市级教研活动提供观摩现场。其创立的"文正教育"品牌已赢得社会的普遍认同和受到业内的高度关注，华爱华、王振宇、董旭花等幼教专家亲临集团考察指导，省内外数千人次的同行纷至沓来、跟岗学习。

品牌的核心价值取决于思想高度的差异性，即鲜明的独创性及其所带来的观念性、功能性、情感性等综合价值。文正教育集团正是以其建立在"遵循天性，启智养正"办学思想之上的"让孩子在自主游戏中生长"的教学理念，彰显了其教育品牌的核心价值，以它鲜明的独创性和优异的幼儿成长实绩确立了品牌的地位。

声名鹊起的"自主建构游戏"。游戏是儿童的生命。游戏之于儿童不是偶然的选择，而是必然的发展。正如蒙台梭利在其《童年的秘密》一书中所指出的："喜欢游戏是儿童与生俱来的一种天性。"在这天性得以自由、充分释放的游戏中，幼儿获得的是健康、语言、社会、科学、艺术等各个领域的全方位发展。

文正教育集团自2016年开始，在各幼儿园开展了"活游戏"的实践与探索，着重在"深度游戏""游戏就是学习""实现真游戏"等方面进行了卓有成效的探索。在集团下辖的文尚幼儿园，我们看到了生动体现"活游戏"精髓的"自主建构游戏是幼儿按照一定的计划或目的来操作建构材料，使之呈现出一定的形式或结构"的活动。在游戏中，幼儿按照自己的需要、兴趣和意愿，利用各种游戏材料，通过运用排列、组合、接插、镶嵌、拼搭、垒高等搭建技能，实现自己的搭建需求及愿望。它不仅丰富了幼儿的主观体验，发展了幼儿的动手能力和建构技能，更重要的是能使幼儿在游戏中学会协商与合作，尝试开拓与创新，体验成功与挫折，从而实现幼儿和谐、全面的发展。

"DMP"与"五环节"。文尚幼儿园成立于2008年。2018年，"自主建构游戏"作为集团幼儿园课程改革的重大举措之一闪亮登场。最初，他们将班级小区域建构，即"建构实验室"作为研究的重点，通过"预操作与后分析"，形成了先看图片、再引领搭建的模式。之后，华爱华教授那句"搭建出来就是要玩的"给了他们新的启发，"建构游戏"由此演进成了"建构+游戏"。但即使这样，也只是赋予了幼儿一定的操作权，而"自由裁量权"

依旧掌控在教师手中，这还不是他们想要的"活游戏"，即让孩子自始至终自由自在、自主自为地建构自己心目中的理想王国。

搭建后的游戏环节，以物代物、同伴交流、语言表达……孩子们尽情释放着自己的天性

然而，出路在哪里？2018年5月，园长班春霞赴成都参加中国学前教育研究会学术年会，当听到李季湄教授讲授"DMP（设计、制作、游戏）学习途径"时，班园长灵光一现——"建构+游戏"和DMP两个想法一下子碰撞、连接到了一起：咦，我们的自主建构游戏何不就设定为"计划、建构、游戏"三部曲，自始至终将游戏的自主权还给孩子呢？！

说干就干，"计划、建构、游戏"三部曲很快在建构游戏中得到了落实，并在实践中逐步得以提升和完善，最终形成了今天的"讨论—设计—搭建—游戏—分享"的"五环节循环"，五个环节既独立实施，又可循环进行，以此推动着幼儿在游戏中的深度学习，促进着幼儿自我生命的不断觉醒，推进着幼儿发展水平的螺旋式上升。

讨论与设计。今天，孩子们又要搭建新作品了。首先，他们自由合成2～5人的搭建小组，讨论确定搭建目标："我们今天要搭建什么？怎样造型？用到哪些材料？怎样分工？"孩子们自主思考、小组协商、合理分工、创意设计。然后在幼儿园统一印制的"小小设计师——我的建构作品"的表格上分别画出自己的设计图。大二班田业博小组的5个孩子决定搭建一条机械龙，献给祖国70周年生日。不一会儿，一条彩色巨龙的雏形就已跃然纸上。不仅有搭建主体物的造型，而且连预计使用材料的种类、数量都已标示到位：轮胎14个、长梯一架、地垫3个、大圆桶2个、炭烧积木若干。至此，幼儿的行为既不再是信手涂鸦和之后的随意解释，也不再是对教师预设作品的简单呈现，而是上升为有意识、有目的、有计划的理性行为。人类所特有的意识活动恰在于目的性与计划性，即在实践展开之先，意识已经以观念的形式将实践结果预先设想出来，即"已观念地存在着"（马克思语）。这是人类与一般动物相区别的特性得以彰显的保障，它让人的生命呈现多姿多彩的面貌；想象是游戏的灵魂，它是打开创造之门的钥匙。我们有幸在文尚幼儿园看到了这样的游戏和这样的孩子以及由此形成的文正教育集团"活游戏"课程。

孩子们在搭建凉亭时对台阶的搭建进行自主讨论、协商

海陆空搭建大挪移。文尚幼儿园的许多自主建构游戏都并非一次性的单独搭建，而是依凭幼儿的兴趣所在，将其不断延伸成系列游戏。比如说，滑道搭好了，但孩子们不满足于只在滑道上滚木球。于是，第二天滑道的尽头就竖起了一长串多米诺骨牌，新的游戏就此诞生了。再比如，龙馆建成了，但了解龙需要知识呀，于是孩子们又在旁边搭建了图书馆，并想办法用木道将两个馆连接在一起。当然，要说更典型的，还是他们的海陆空搭建大挪

移。一天，大一班的霖霖不经意地拿起两块木板玩起了"划船"游戏，其他小朋友看到后也都跃跃欲试。但是，一艘"小船"显然满足不了这么多小朋友的需求。这时，萌萌说："要不我们来搭建一艘属于自己的大船吧！"于是，以"船"为主题的建构游戏应运而生。

在观看了教师及时提供的关于船的视频和图书后，游戏开始了。孩子们默契十足地分工合作，发挥创造力与想象力画出了设计图。很快，船的轮廓搭好了，方方正正的驾驶室建成了，乘客的座位也就绪了。"可是要想上船还需要买票，没有地方搭了怎么办？"依静提出了问题，珺研灵机一动说："我们可以把桌子改造成售票台啊！我来售票！"大船建成了，一起来玩开船的游戏吧！依静在"驾驶室"当起了驾驶员，刚要起航却发现没有方向盘。这怎么行呢？"有了，这个可以当方向盘。"圣砚拿来一个小轮胎说。圣砚也想当驾驶员，可是已经有驾驶员了，怎么办呢？圣砚说："我来当指挥，你来当驾驶员。"显然，孩子们的想象力、创造力和交往合作能力在这一过程中得到了极好的发展。

游戏仍在继续，延伸得更深、更广。大船"起航"了，孩子们玩起了"遇到大风浪也坚持继续航行"的角色游戏。"呜——呜——"大风来啦！雨铮不幸掉在了"海面"上，只见她在水里大喊："快来救救我！"怎么救人呢？教师针对这个问题与孩子们展开了讨论。

"可以拉上一根绳，把人给救起来。""可以再搭一辆小船来救人。"

"还可以搭一个救生圈！""可以找一个漂浮物扔进去，让她抱

自己搭建的天平能否使用呢？试试就知道了

住。"孩子们七嘴八舌地讨论着，教师未置可否，而是带领孩子们观看了船

只救援的相关视频，并收集打印了许多种救援方法的图片放置在了建构区的墙饰上，又让孩子们回家收集资料，带来与小朋友一起分享。

第二天，孩子们有的带来了设计图，有的带来了救生衣、救生圈。一番讨论之后，孩子们决定按照自己的想法进行创意搭建。于是，一艘高科技船就此诞生了。雨铮提议在船上搭建卫星观测系统，当有人落水时就能立即展开营救；珺妍用大雪花片围合搭建了一个圆形的救生圈；宁宁拿来黑色的小轮胎，当作救生圈放在了船的两侧；林枫和岩松用两个大圆柱建起了集扫描仪、探照灯和计算机为一体的操作台……他们还特意制作了一面"五星红旗"插在了观测台上！

船的搭建进行了一段时间后，孩子们再次脑洞大开，他们把"船"从水里"开"到了陆地上，衍生出了"火车"主题。率先铺好的是轨道，然后孩子们拿来四个大圆柱分别放置在"轨道"四角，开始搭建车头。可是，有一组圆柱总是歪歪扭扭，一副要摔倒的样子。"是它下面的地面不平！"君博说着拿来一片大雪花片垫在大圆柱底部，试了下，还是会倒。只见萌萌将这组圆柱向里移动了下位置，圆柱就不倒了。孩子们这下明白了，柱子距离的对称就决定着整体结构的稳定。在这里，幼儿自己发现问题，并通过不断试错来解决问题。之后，他们又相继解决了"烟囱放哪里""怎样坐火车""谁来开火车"等一连串问题。"呜——"一声长鸣，长长的火车开动了，载着孩子们的欢笑驶向了他们心仪的远方。

水里行了，地上跑了，孩子们又想着上天了。一番讨论后，孩子们很快画出了设计图，然后开始分工搭建。淇彦说："我想用两个轮胎搭建飞机的座舱。"君博说："可以，我来搭建机头。""那我搭建机翼吧！"奕珂说。飞机已见雏形时，站在一旁的雨轩指着用一块木板搭成的机翼说："这个机翼一点都不像。"奕珂一听，立刻改用两块木板侧放的方式搭建出新的机翼，大伙这才满意地笑了。之后，琪博拿了几个半圆形等距离的木板放在机身两旁说："这是飞机上的窗户！"淇彦看后，若有所思地拿了几个小木块放在"窗户"后面说："这是座位。"奕珂从辅助材料区带来一只小熊放在机头，小熊玩偶当起了驾驶员！

轮胎为椅，积木为桨，小班的孩子们身着汉服，在自己搭建的简易龙舟里玩得不亦乐乎！

可是，正当孩子们兴奋地玩着飞机游戏时，意外发生了！一个滚过来的篮球击中了飞机，机头的一半瞬间歪倒了！"不好，飞机失事了！"这一意外的发生，让孩子们开始重新审视飞机的安全问题。于是，他们为飞机安装了对讲机、降落伞弹射装置、监控扫描仪和雷达定位系统，一架超级客机就这样诞生了。

从水上到陆地，从陆地到天空，孩子们自由自在地驰骋于自己的理想王国，积淀着知识，增长着才干，强健着身体，研习着社会交往，也享受着精神的愉悦与生命的快乐。这是什么精神？这就是游戏精神。

作为一种回归幼儿生活本原、激发幼儿创造才能、顺应幼儿唯乐天性、满足幼儿探索需求的精神体验，游戏精神就是自由精神，就是幼儿的生命精神。正如杜威所说："更多地给予个人以自由，把个人的潜能解放出来，这个观念和这个理想是自由精神永远存在的核心。""游戏不等于是儿童的活动，更确切地说，它是儿童的精神态度的完整性和统一性的标志。"在文正教育集团，我们所看到的自主游戏，正是这样一种尊重幼儿自由、唤醒幼儿生命、鼓励幼儿探索，让幼儿在自由、自主、愉悦的氛围中学习和成长的游戏。

创设坚实的环境支撑。自主的游戏、精神的愉悦、生命的活力离不开坚实的物质支撑。文尚幼儿园的"建构游戏"建立在建构主义理论基础之上，建构主义理论认为学习是一种互动过程，对任何知识的学习都是一个积极主动的建构过程，儿童是在与周围环境相互作用的过程中，通过同化与顺应过程逐步建构起自己的认知结构。环境决定了幼儿成长的质量。

较之自然与社会的大环境，幼儿园为幼儿创建的丰富独特的生活与学习环境，更是直接决定着幼儿的发展质量。例如，当你走进文尚幼儿园，就会充分感受到室内外六大游戏区是如何充分满足幼儿成长需要的。

室内：钢化玻璃覆盖的环形教学楼宽敞明亮，一楼320平方米的宽阔大厅被打造成了"大型混龄建构厅"，同时设有"建构实验室""创想积木墙"等功能游戏区。

室外：4000平方米绿树成荫的"户外活动场"是一处超大型的建构区，投放了不同规格的木质搭建类积木6000多块，色彩缤纷的插装类积木20多种，还有纸箱、PVC管、I型材料、轮胎、梯子、沙水等多样化和低结构的建构材料。特别是在"区域相对划分、材料跨区使用、功能自主建构"的游戏原则的支持下，孩子们会综合运用各种材料来满足自己的搭建需求，比如滑梯围墙、轮胎驾驶舱、纸管炮筒、圆木望远镜、梯子轨道、搬运箱坦克、线滚子座位……此外，户外还设有"沙水建构区"和"六大运动区"。

六大室内外自主建构游戏区为孩子们提供了多元的建构游戏体验，每次建构游戏的时间保证在1小时以上，且建构材料以低结构材料为主，以便让孩子们更好地发挥游戏中的创造能力，提升游戏水平。此外，园内还设立了"野战基地""轮胎乐园"等挑战区，"农家乐""休闲餐厅""叮当林""百草园""感统区"等社会性游戏区，满足了孩子们多元游戏的需求。

二、自省：拔擢生命的高度

表征与分享。前面提到，孩子们在实施搭建之前，需要在一张"小小设计师——我的建构作品"的表格中的"我的设计"一栏里画出设计草图。其实，这张表格的下半部分还有一栏，叫作"我的游戏故事"，是专供小朋友搭建后的表征、反思、分享之用的。

比如说，孩子们在搭建完成机械龙之后会回到教室里，在"我的游戏故事"一栏里用图画与同伴分享他们搭建的过程、对设计的修改、问题的解决以及他们的游戏乐趣。与此同时，教师也会把自己录下或是拍摄下的幼儿游戏过程中的亮点或问题呈现给孩子，共同讨论分享。或是通过现场演示的方式，让孩子们重现搭建过程中出现的问题，与教师一起弄清原因、找到解决方法。这样的表征、反思、分享在每一次搭建之后都会如期进行：

端午节就要到了，孩子们兴致勃勃地搭建了一艘巨大的龙舟，船身、龙头、船桨、助威鼓一应俱全。户外活动结束后，孩子们回到教室进行游戏故事记录与分享。张伟祺说："我们在游戏的时候，龙舟边上的木板总是倒。""你们是怎样解决的？"教师问。"现在还没有解决，因为游戏时间到了，不过我们貌似是有点想法了。""这个问题你们可以商量一下，等到下次搭建的时候你们可以试试怎样解决这一问题。"果然，二次搭建时，针对上次出现的问题，孩子们摆完龙舟的造型后，又在木板两侧放置了双倍积木加固，木板再也不倒了。

积木、塑料箱、塑料棒……大班的孩子们最大限度地利用身边的
材料，搭建出自己理想中的擂鼓台

"你是用什么样的方法让信号塔变得稳固起来的？"答："我在它的最底部用两个基本块积木增大了柱子的着地面积，这样我的信号塔就既牢固又美观了。"

"孩子们看，这个小朋友摆的是什么？用到了什么材料？是怎样放的？"答："我用圆柱和小璧拱积木拼在一起，做成了水杯。""老师，我明白了：两个半圆可以组合成一个圆，两个组合在一起的璧拱形积木可以在中间形成一个圆。不同形状的积木组合后会形成新的形状。"

"公主的船帆这组作品你们有什么感觉？"答："很美、很漂亮。""对，你看她细细的腰肢，穿着花裙子、戴着蝴蝶结，多美啊！从中反映出搭建者对积木的灵活运用以及丰富的想象力与强大的审美能力！"……

幼儿的表征能力表现为用语言、图像、动作、符号等表达感受、经验、思想和情感。在文尚园的自主建构游戏中，孩子们的多元化表征不只表现在分享环节。在讨论环节中，孩子们会用语言清晰地表达自己的观点，"玩什么、怎么玩、用什么材料玩"；在设计环节中会用绘画、符号等形式进行表征；在搭建环节则融合了动作、语言、造型、角色扮演等多种表征形式；最后一个分享环节则重在分享经验、拓展思路、提升游戏水平。游戏五环节的"讨论—设计—搭建—游戏—分享"闭合成一个既开放又理性的过程，其间幼儿的自我生命得以唤醒，个性得以自由的挥洒同时又不乏理性的思考与科学的收束。如此的游戏，孩子们从中享受的是真自由，学到的是真知识，提升的是真能力。

重塑与回归。在文尚幼儿园，让幼儿通过表征与分享回溯自己的搭建行为，不仅是幼儿解决问题、提升游戏水平的过程，也是教师反思教育理念、匡正教学行为、回归教育本义的有力举措。集团遵从"遵循天性，启智养正"的办园理念和"让孩子在自主游戏中生长"的教学理念，引导教师用现代游戏理念重塑教育观。重新定位教师角色，争当幼儿游戏活动的观察者、思维发展的引导者、个性张扬的促进者、课程资源的开发者，让游戏活动真正成为孕育幼儿奇思妙想的温床和促进幼儿智慧火花迸发的理想殿堂。

在自主建构游戏中，幼儿园倡导教师"用最少的话做最多的事"，多去观察孩子的游戏、解析孩子的行为，让孩子通过亲身体验、直接感知、实际操作来学习发展、建构知识。

在一次"花园城市"轮胎建构活动中，孩子们搭建炮楼时，需要将长长的平衡木穿进轮胎里。可是平衡木太重了，安全起见，教师走过去想帮忙一起搬运，可孩子们并不领情："我们不用帮忙，两个人就可以的。"听到这话，教师忽然意识到自己打乱了他们的节奏，便很自觉地退回到一边，静静地观察。

这一经历让教师们意识到，在幼儿游戏时，教师应该主动退后，将自己放置于观察者和支持者的位置。教师"唯有通过观察和分析，才能正确了解孩子的内在需要和个别差异，从而决定如何协调环境，并采取应有的态度来配合幼儿的成长需要"（蒙台梭利语）。教师唯有真正放手，将主场还给孩子，他们才会乐于在有需要时将"你"融于活动中，真正接纳"你"成为他们的伙伴。因此，当我们赋予孩子自由、自主、创造、愉悦和自我更新的游戏精神时，作为教师是否应该首先领略这一游戏精神的实质？

文正教育集团的教师们正是这样的游戏精神的捍卫者和弘扬者。由此，在文正教育集团的幼儿园里才处处可见自主愉悦、聪颖智慧的游戏活动，随处都可以感受到真正的游戏精神。游戏的快乐来源于教师的后退，放手让孩子自主、自为、自励、自创。杜威说："更多地给予个人以自由，把个人的潜能解放出来，这个观念和这个理想是自由精神永远存在的核心。"

小班的孩子们坐上大班哥哥姐姐搭建的龙船，拿起鼓槌，
划起船桨，亲身体验游戏的乐趣

曾经，我们的孩子被压抑着、管束着、屈从着，幼小的生命在沉睡中发

展，童年的快乐在操控中湮灭。时常可见，幼儿园处处有"游戏"，但是没有"玩"；随处可睹，不是幼儿游戏，而是游戏幼儿。文正教育集团的"活游戏"彻底革除了这一弊端，其以低结构、高自主，彰显了幼儿的学习权与生命权；以低控制、高自由，实现着生命的自我觉醒与自由飞升；以低介入、高效能，促进着幼儿五大领域的全面发展；以低管束、高体验，让幼儿无时无刻不在体验着生命的活力与创造的快乐。

走进文正，就是走进了幼儿教育的艳阳天与芳草地。

第二篇

科学研究

"二三二"策略助力幼小衔接科学过渡

俗话说："头伏萝卜二伏菜，三伏还能种荞麦。"提前播种行吗？不行！其实，孩子就像春天的土地，适合种什么、什么季节播种、什么时间收获值得教育者思考，我们不可妄想在夏天就去采撷秋天的果实。

人生百年，立于幼学。那什么是让幼儿受益终身的"幼小衔接"呢？随着教育部《关于大力推进幼儿园与小学科学衔接的指导意见》的颁布，幼小衔接正式进入民众视野。2021年8月，寿光市成功被评为山东省幼小衔接实验区。基于时代背景和政策引领，东郭幼儿园与建桥升阳校区联合启动幼小衔接行动计划，实施"二三二"幼小衔接行动策略，协同共享，稳步前进。

一、幼小实际，现状分析

（一）小学与幼儿园之间的"衔接断层"

长期以来，幼儿园和小学在课程内容和教学方式上存在较大差异，两学段"鸿沟"越宽，幼儿入学适应愈加困难。

（二）小学与幼儿园的衔接课程"双行道"

片面的、单一的衔接内容。

（三）家长教育理念落后，重知识而轻能力的培养

多数家长的教育观念都比较传统，重视知识技能的培养，认为孩子能读会写肯定就很聪明，忽视兴趣的开发和综合素质的培养。

二、目标趋同，三大方向

（一）帮助教师树立正确的衔接观念

幼儿园教师和小学低年级教师从幼儿入学开始就培养其社会适应能力、稳定情绪以及各种行为习惯，幼儿从幼儿园开始就逐步产生对学习的主动性和积极性，这样才能真正为小学教育做好准备。

（二）重视幼儿能力和习惯的培养

幼儿专注力的培养贯穿整个幼儿园阶段，特别是大班的后半学期，幼儿独立思考、克服困难、独自完成学习任务等能力都要建立起来。

（三）幼儿园、小学和家长形成"三位一体"

幼儿园与小学和家长之间的协调配合是幼小衔接工作中不容忽视的环节。通过各种形式让幼儿对小学的学习和生活有一定的了解，从生理和心理上对小学教育有所准备。

三、多措并举，助力衔接

（一）两保障，即建机制+资源库

一是建机制重保障。对此有以下两种主要途径：其一，成立幼小衔接领导小组，将园长、业务园长、年级组长、骨干教师纳入核心项目组，分设课题小组和宣讲团队，辐射带动幼儿园、小学和家庭的共参与、共教研和共行动；其二，制定《幼儿园幼小衔接工作考核机制》，强调"儿童为本、双向衔接、系统推进"，重内容，重实效，重反馈，形成良好的教育生态。

二是设共享资源库。为真正打通学段壁垒，衔接双方应根据校园项目设立资源库，互通互学互补。

（二）三厘清，即厘清理念+内容+目标

一是厘清理念。幼儿教师、小学教师和家长理念趋同尤为重要和关键。对此可从以下三个方面达成：一是双方教师研读政策文件，吃透《3—6岁儿童学习与发展指南》精神；二是幼儿园和小学每月举办一期联合宣讲，呼吁家长理性认知，摒弃以"知识和技能"和"放任自流"为主的极端衔接

方式。

二是厘清内容。幼小衔接接什么，是困扰教师和家长的难点之一。幼儿园和小学联合教研，协同开设衔接课程，着重培养幼儿的"7项能力"，重情感态度和习惯养成。双方每月开展一次"幼小衔接"主题活动，采用"3+8"的衔接模式，突出八个特色内容，将教育目标巧妙地隐藏在形式多样的活动中，充分挖掘一日生活和游戏的独特价值。

三是厘清目标。幼小衔接虽是转折，但致力于幼儿终身学习和发展的长远目标不会变。建立家、园、校协同机制，从心理、身体、能力、习惯四大维度建立目标导向，有策略、有计划性地引导教师和家长帮助幼儿做到科学衔接、有效衔接。

（三）两大抓手，即自主游戏+习惯养成

幼小衔接是基础教育的"一道坎"，怎么接是落地的关键。我们始终坚持"以游戏为基本活动"的理念，确定以"自主游戏"和"习惯养成"为两大抓手，将自主游戏与习惯养成相融合，形成了彰显幼儿本真和终身发展理念的幼小衔接课程。

四、双向奔赴，预期效果

（一）教师层面

通过研究让教师了解幼儿园孩子和小学儿童心理发展变化的规律，帮助小学儿童调节自我、迅速建立良好的基本人际关系，使其能与人为善、尊重、友好、真诚地在小学这个集体中生活。

（二）家长层面

通过活动的实施，让家长们在幼小衔接时期能有针对性地进行家庭教育。家长们的努力会使幼小衔接更加有效。

（三）幼儿层面

通过研究探讨，得出一些完善幼小衔接教育的结论，为小学低年级的一线教师提供有益的参考，并积极推广到学生中去，为保障新入学学生健康快乐成长提供宝贵经验，促进教育质量提高。

（四）教育生态

通过研究，达到引导教师教学思想、改变教学理念、提高教学能力的目的，并积极引导教师利用好幼儿园与小学科学有效衔接的教育教学策略，最终实现幼儿到小学的科学衔接。

道阻且长，行则将至。文正教育集团东郭幼儿园将会继续秉持儿童为先的教育理念，与小学共同探讨行之有效的双向衔接方法，与家长携手成为幼小衔接路上的同盟军，助力幼儿完成人生转折的关键一步。

本课题获寿光市教育教学创新一等奖第一名

第二篇 科学研究

和
孩子
一起成长
——一位幼儿教师的专业成长密码

"二三六一"幼儿教师培养模式的
研究与实践

一、选题依据

（一）课题提出的背景

（1）《国务院关于加强教师队伍建设的意见》指出，认真落实教育规划纲要和人才规划纲要，遵循教育规律和教师成长发展规律，创新教师管理体制机制，以提高师德素养和业务能力为核心，全面加强教师队伍建设，建设一支师德高尚、业务精湛、结构合理、充满活力的高素质专业化教师队伍，为教育事业改革发展提供有力支撑。

（2）《幼儿教师专业标准（试行）》提出，"幼儿园教师是履行幼儿园教育工作职责的专业人员，需要经过严格的培养与培训，具有良好的职业道德，掌握系统的专业知识和专业技能"。其把"能力为重"和"终身学习"作为重要基本理念，强调教师要建立终身学习与持续发展的意识和能力。幼儿园以《专业标准》为重要依据，制定幼儿园教师专业发展规划，注重教师职业理想与职业道德教育，开展园本研修，促进教师专业发展。

（二）研究价值

"二三六一"幼儿教师专业培养模式，对教师队伍建设、学校发展、品牌建设、幼儿成长产生了强有力的助推。主要体现在以下几个方面：

一是教师专业素养迅速提升。在一系列措施下，教师的专业素养迅速提升，特别是新教师、青年教师的成长速度和质量大大提高，有效地满足了幼儿及园所对优质师资的需求。

二是园所办园质量迅速提升。"二三六一"幼儿教师专业培养模式可以有效解决教师队伍结构与园所发展之间的矛盾，提升园所的办园质量和核心竞争力；教师成长发展了幼儿园，幼儿园发展成就了教师，教师的专业提升与幼儿园办学质量提升形成了一个良性的循环。

三是幼儿教育更加专业。高质量师资的配备极大地提高了幼儿的早期教育质量，有效地保障了幼儿的深度学习与全面发展。

四是经验得到了有效推广。"二三六一"的专业培养模式不仅被同行幼儿园所学习，甚至跨学段、跨学科地被推广到小学和中学的教师培养中，推广范围大、影响力强。

（三）已有研究现状述评

研究者用"幼儿教师培养模式""学前教育专业培养模式""幼儿园新入职教师培养模式"等相关词语作为关键词，在"中国知网"中对2017年到2021年间的相关研究进行检索，共检索到论文、期刊大约200篇。

通过检索可知，关于"幼儿教师培养模式"的研究成果主要集中在"高职学前教育专业幼儿教师培养模式""卓越幼儿教师培养模式""农村幼儿教师培养模式""幼儿教师艺术技能培养模式研究"等方面，可以看出，幼儿园比较重视对幼儿教师培养模式的开发研究，也认识到了幼儿教师培养对幼儿的意义。但是我国对"幼儿教师专业培养模式"的研究，几乎为空白。本研究就是从培养教师专业素养的角度出发，探索教师专业成长的有效措施和途径，建构幼儿教师专业发展梯级培训，培养幼儿教师自主发展的定力，从而促进教师专业素质的快速发展，有效地满足了幼儿及园所对优质师资的需求。

二、研究内容

（一）研究对象

幼儿园教师。

（二）研究目标

（1）探索教师专业成长的有效措施和途径，实现教师专业素质的快速发展。

（2）完善教师队伍建设的管理与激励机制，增强教师发展的内驱力和外驱力，形成教师自主发展的定力。

（3）建立一支师德高尚、业务精湛、结构合理、充满活力的高素质专业化幼儿教师队伍。

（4）教师队伍专业素质大幅提升，盘活优质资源，实现教师队伍的优质均衡发展。

三、思路方法

（一）研究思路

一是实施两大战略，建构幼儿教师专业发展梯级培训。根据岗位设置和教师实际，实施园长队伍发展和教师队伍发展两大战略，构建园长培训、业务园长培训、全员培训、种子教师培训、青年教师培训、新教师培训的六层梯级培训体系。

二是拓展六条路径，搭建幼儿教师专业发展立交桥。拓展项目带动、专家引领、外取真经、园本教研、教育写作、结对帮扶六条路径，让教师培养有框架，让教师发展有拐杖，让教师评价有依据。

三是实现三个引领，形成幼儿教师自主发展的定力。进行文化引领，增强教师价值趋同；引领教师制定职业发展规划，唤醒教师自我成长内驱力；实行层级发展引领，增强教师成长外驱力。

四是突出"游戏背景下教师读懂幼儿的能力提升"这一重点。对教师的专业培养从技能、磨课更多地转移到"读懂儿童"上来。深入开展游戏活动，在儿童自发的游戏和开放性的活动中进行教师理解儿童能力的培养，拓展"室内外游戏环境创设及材料投放、游戏案例评选、游戏视频分析、园长游戏论坛"四条路径，真正实现专业的人做专业的事。

（二）研究方法

1. 对象观察法

在"二三六一"幼儿教师培养模式的研究与实践中，课题组成员通过定期观察和长期追踪不同层级教师专业发展的情况，直接获得研究的第一手资料，及时捕捉正在发生的研究现象和问题。

2. 行动研究法

在探索"二三六一"幼儿教师培养模式的研究过程中，课题组成员通过研究教师撰写的随笔、案例及课题等教育教学材料和对教师进行日常追踪，深入教师的教研和培训活动，关注教师的组织能力、撰写能力、合作能力，以及教师发现问题解决问题的能力等方面，探索教师专业化发展的路径。

3. 个案研究法

在一定时间内针对某个教师发展的过程进行个案式研究，详细了解、梳理和分析能够促进教师专业化发展的策略，对如何有效解决教师专业发展遇到的瓶颈、如何帮助教师找到专业发展的路径、如何借助外部驱动和内部激励等措施提升教师发展动力等问题进行探索，以形成对幼儿教师培养模式的认知和结论。

4. 资料收集法

通过知网、维普网、印刷书籍查找并整理国内外关于"幼儿教师培养""幼儿教师发展""教师发展模式"的理论和实践的成果，从中选取对本研究有启发的文献，形成对教育事实的科学认识。根据选取的资料，恰当分析在研究中遇到的问题和困惑，获得与本研究有关的启发和帮助。

（三）研究计划

第一阶段：计划启动阶段（2021年9—10月）

（1）制订符合实际的课题研究方案和研究计划。

（2）根据课题研究方案，成立课题教研中心小组，明确成员分工。

（3）以线上或线下的问卷形式收集教师的问题及需求，汇总问题，进行数据分析。

（4）根据汇总的问题和需求，课题小组制订出符合教师发展的教研和培训方案，并形成教师发展的培训计划。

第二阶段：追踪研究阶段（2021年11月—2022年3月）

（1）按照岗位和教龄划分园长、业务园长、全员、种子教师、青年教师、新教师六个教师梯队，课题教研小组成员分别包括上述的六个教师梯队。

（2）确定每级梯队中进行个案观察的教师名单，教研小组对教师的工作经历、专业特长以及职业规划等方面做出详细调研，并制定相关教师的成长档案册，做到发展一周一追踪、一月一汇总、一学期一评价。

（3）结合同梯队教师的发展需求，定制化培训先行，组织教师外出观摩、学习和交流，实现同一梯队"种子教师"的优先发展，二次培训和经验传递带动同梯队教师稳步提升。

（4）面对不同梯队教师共同的发展困惑，以"全员培训"的模式，邀请专家入园，一是巡诊把脉，二是传播先进理念和分享优秀经验。

（5）进行阶段性反思和小结。

第三阶段：总结推广经验（2022年4—7月）

（1）梳理发现的问题并寻找解决的方法，分析总结各个阶段教师专业发展的主要经验。

（2）探索出了一套具体可行的"二三六一"幼儿教师专业培养模式，助推教师队伍建设、学校发展、品牌建设、幼儿成长。

（3）对得出的研究结论及时进行总结并装订成册，以论文或书籍的形式呈现。

四、创新之处

制订了《教师定制化培训方案》，分析每位教师资源的专业优势，为每位教师量身定做职业规划及发展方向；在此基础上制订了《后备人才培养计划》，对骨干教师进行重点培养，并发挥他们的专业影响力，建立有效的梯级帮扶队伍，从而建立起教师成长的快车道。创新性地探索出了一套教师培养的"二三六一"模式。在实践过程中，教师专业素养迅速提升，在多个领域获得大量荣誉，有效地推动了学校的教师队伍建设，提升了学校办学质量和核心竞争力。教师专业提升和学校发展形成良性循环，极大地促进了学校的品牌建设。此外，教师培训模式推广范围广、影响力大，不仅可以应用于幼儿园，同样适用于其他学段和学科的教师专业培养，有很大的推广价值和实践意义。

五、预期成果

通过本课题的研究，让教师专业素养得到快速发展，教师专业能力得到迅速提升，可以有效推动学校的教师队伍建设，从而提升学校办学质量和核心竞争力。让教师专业提升和学校发展形成良性循环，极大地促进了学校的品牌建设。

参考文献

[1] 浦莉娟.高职学前教育专业幼儿体育教师培养模式改革研究［J］.当代体育科技，2021（11）.

[2] 王越，卢清.西部农村卓越幼儿教师艺术技能培养模式研究［J］.艺术教育，2019-05-05.

[3] 吴贤雯.高职应用型人才视角下的幼儿英语教师培养模式研究——以雅安职业技术学院为例［J］.当代教育实践与教学研究，2018-02-10.

本课题曾获潍坊市十四五规划课题立项、结题

第二篇　科学研究

基于立德树人背景下幼儿园德育策略的实践研究

一、研究背景简介

党的十八大以来，以习近平同志为核心的党中央，坚持教育为社会主义现代化服务、为人民服务，在多次会议中提到把"立德树人"作为教育的根本任务。可见，德育的重要性与必要性。

而当今社会，很多家长急功近利，花大力气追求"教了什么""学了什么"，部分幼儿园为了迎合家长的需求，甚至搞噱头，为了特色而特色，从而吸引家长的眼球，却忽略了幼儿成长过程中最重要的东西，即良好行为习惯的培养。

基于此，我们把关注点放在了教育的根本问题上，即培养什么样的人、怎样培养人的问题，确定了"基于立德树人背景下幼儿园德育策略的实践研究"这一课题。

二、研究取得的成效和成果

如今，课题开展已有半年的时间，在边实践边研究的过程中，取得了良好成效：

一是幼儿成长。幼儿更加独立、自主、有礼貌，良好行为习惯及学习品质得到了培养，实现了为幼儿终身发展奠基，培养出了一批走出幼儿园也能言行知礼的社会主义人。

二是教师成长。教师逐步确立"教育为本，德育为先"的教育理念，在幼儿良好行为品质形成的过程中，教师的师德建设也更加完善。

三是家长成长。家园关系更加融洽，家长对教师、幼儿园的认同感逐步提升，通过幼儿园的引领完成家长观念的转变，实现了家园齐步走。

四是幼儿园发展。办学特色更加鲜明，课程体系得以推广，更多的幼儿园和幼儿因此受益。

五是辐射社会。不仅是幼儿行为的改变，而是由幼儿园辐射到家庭、社会，造成了整个家庭和社会的改变。社会对幼儿园办学质量的认可度有了很大的提升，从而形成良性循环。

三、研究过程及所做工作介绍

结合幼儿年龄特点，我们确定了"一三五三"德育培养体系，即以"养正十条"这一内容为依托，细化三个年龄段目标；探索"环境浸润、游戏推进、一日生活、集体教学、绘本推介"五条路径；建立家、园、社三位一体的实施策略。

（一）确立幼儿园德育建设的基本内容"养正十条"

一是结合幼儿园德育建设的四个基点，确立"养正十条"作为幼儿园德育的主要内容。即上学路上"我能行"；餐前主动摆碗筷；按需取餐营养全；排队等候有秩序；阅读图书要专注；有了想法能协商；借还东西知礼仪；使用物品会整理；诚实交往"我最棒"；清楚问好且大方。

二是以"养正十条"为基点，探索多样化的德育内容。主要从三方面入手：一是基于"养正十条"进行纵向延伸，在十条总目标下，根据幼儿年龄特点划分不同的子目标；二是基于"养正十条"进行横向延伸，如餐前主动摆碗筷，对应的是幼儿独立自主、自理能力的提升，可以延伸为鞋子摆放要整齐、睡前衣服要叠好等，建立同样的类目群；三是探寻没有涉及的其他德育内容，不断丰富养正课程。

（二）确定幼儿园德育建设三个年龄阶段的分目标

在养正总目标的基础上，对"养正十条"分年龄段逐条进行目标确立，通过看得见、摸得着、可实施、可评价的具体条目，让教师和孩子在实施的过程中有依据、可操作，并在此基础上建立各班级养正实施方案、周计划和备课计划。

以"清楚问好且大方"为例，使用清楚恰当的语言大大方方地与人打招呼，既是幼儿语言发展水平的体现，又是幼儿社会性发展、人际交往的第一步。当下，多数幼儿能在家长或教师的提示下与人问好，但其中有部分幼儿语言不够清晰、不够完整，甚至躲在家长身后不愿意与人交流。教师应通过生活活动、教学活动、角色游戏等活动内容引导幼儿"清楚问好且大方"。在总目标的引领下，每个年龄段有不同的目标达成要求：

小班：与别人讲话时眼睛看着对方，说话自然、口齿清晰，能在成人的提醒下使用恰当的礼貌用语。

中班：愿意与他人交谈，主动使用礼貌用语，别人讲话能回应。

大班：不随意打断别人，懂得按次序轮流说话，根据需要调整说话的语气，敢在众人面前说话。

（三）五条路径，搭建幼儿德育建设立交桥

1. 环境浸润

通过环境创设实现与幼儿、家长的互动，环境创设主要包括两方面：硬环境——主题墙饰；软环境——教师身教。在环境创设方面，笔者总结出了三条法则：

一是环境提示法，把每个主题中孩子们应做的事情以图片的形式表征出来，孩子们可以根据环境提示，做好每天的活动。

二是榜样提示法，每周对本主题下孩子的行为进行记录和统计，设置养正明星墙，以此激励孩子良好行为的养成。此外，家长们也会将幼儿在家的良好表现以书面或者照片的形式反馈给教师，教师在班内进行二次分享，这也是激励幼儿养成良好行为的一种途径。

三是环境激励法，每班结合幼儿年龄特点和已有经验设立养正打卡版面。如小班每周一换，中班两周一换，大班一月一换。教师每周对孩子的养正情况进行统计，并跟孩子们谈话、讨论，进一步引导幼儿的养正行为，坚持不懈促进幼儿良好行为习惯的养成。

2. 一日生活教育

生活活动是幼儿实现"养正十条"课程目标的主要途径，将幼儿德育建设融入幼儿的一日生活中。如早上入园"上学路上我能行""清楚问好且大方"，喝水环节"排队等候不拥挤"，就餐环节"按需求餐不挑食""排队等候不拥挤""餐前主动摆碗筷"，午睡环节"鞋子摆放要看齐"等。

3. 游戏活动

将"德育"与"游戏"相结合，把"养正十条"放到游戏中去实施，如"摆放鞋子要看齐"可以放到角色区，"排队等候不拥挤""清楚问好且大方"可以放到任何一个区域中进行关注，"借还东西知礼仪""做事协商不任性""物品用完整理好"等可以体现在整个区域活动的全过程，所以，游戏是实现"养正十条"教育目标很重要的途径。

此外，把良好行为习惯和文明礼貌行为转化为游戏中的情景，在游戏操作中渗透养正教育。例如：上学路上我能行。在益智区投放"养正棋""安全棋"等；在阅读区投放《不要妈妈抱》《爱上幼儿园》等各种绘本；在表演区将《上学歌》《我爱幼儿园》等所学音乐投放其中，让幼儿尽情演绎。在娃娃家投放水壶、篮球、书包等幼儿上学所需物品，根据游戏情境做到整理物品、自己的物品自己带。

4. 集体教学活动

集体教学游戏化。结合养正内容选择适宜的集体教学活动。教学活动包含五大领域的各个方面，结合每个主题的目标选择合适的内容组织活动。

如将"养正十条"中的10个条目作为音乐教学原创题目，结合每个条目中的培养目标来创编故事情景+动作流程，编辑音乐，创编音乐教学游戏化原创活动，"音乐教学游戏化"项目研究为"养正课程"教育目标服务。

5. 绘本资源

为了把"养正十条"更好地内化为幼儿的行为，可以以绘本为载体，进行德育建设。尤其是对小班幼儿而言，可以借助相对具体的情景或故事进行依托，一是比简单的说教更有趣，二是易于幼儿理解和消化。

绘本筛选：针对"养正十条"，教师们挑选相对应的绘本，结合养正不同年龄阶段的目标，对绘本内容进行选择，保留适合的内容形成教案，最终汇总为养正教学活动案例资源库。

（四）三方协同，形成幼儿德育建设合力

1. 幼儿园引领

一是幼儿园从理念上引领家长，认同养正课程，寻求家长支持。通过建立养正讲堂、开放活动、家园活动等方式，引领家长同步，有效利用家长资源。

二是注意家园沟通的做法，切不可为追求"立竿见影"而教育行为偏激，给家长造成无形压力。

三是探索多途径家园合作方式，与家长合作，形成教育合力。如用微信签到打卡的形式记录孩子的养正行为过程、评选"养正小明星"和"明星家庭"等。

2. 家庭配合

幼儿良好行为习惯的培养不仅是依靠幼儿园就能完成的，要把家长资源纳入课程之中，发挥家长的配合、监督作用，用家长行为影响幼儿行为。

点面结合，拓宽家园沟通的途径。例如，园级新生家长：班级家长会2次/学期，养正大讲堂1次/学期；微型家长会：每周约谈1个家庭，1个/周——4个/月——20个/学期；家访：每月走进一个家庭，家访前的准备工作要到位，追踪幼儿行为养成情况；家长配合：微信打卡只是一种记录形式，家长自愿，杜绝摆拍；家长在班级qq群建立"我是养正宝宝"相册，上传孩子照片。

3. 社区协助

养正课程的最终落脚点不仅仅是在家庭和幼儿园里，更重要的是把"养正"行为带到生活中去，辐射大众。因此，我们也关注到幼儿在社会实践中的养正教育。针对养正目标进行社会调研，如："阅读图书要专注"，家长带孩子到图书馆去，观察图书馆里看书的人是否专注看书，是否在图书馆里大声喧哗等；"排队等候有秩序"，让孩子观察在超市买单的叔叔阿姨是不是都在排队，不拥不挤；"清楚问好且大方"调研，让孩子主动与别人打招呼，与人有礼貌。养成行为由幼儿园辐射到家庭、社会，造成整个家庭和社会的改变。

四、存在问题及后段研究重点

（一）存在的问题

1. 家园协同需持续深入

在幼儿德育建设的过程中，很多幼儿出现了"5+2=0"的现象，家长对德育建设的认同和重视还需进行进一步的引导、提升，以达到"5+2>0"的效果。

2. 对教师的道德教育不应缺失

成人是幼儿模仿学习的对象，在对幼儿进行行为习惯及品质培养的同时，不能忽略了对教师的德育，二者应"齐头并进"。

3. 应建立完善的评价体系

现阶段，幼儿的德育建设路径比较明确，但是在评价方面，缺少一个完善的评价体系。

（二）下阶段研究重点

在解决上述问题的过程中，我们将重点探索游戏与德育深度结合的有效路径。

本课题曾获潍坊市育人自主创新二等奖、寿光市教学成果三等奖

游戏中"四维"介入策略的实践研究

　　游戏是幼儿园的基本活动，符合幼儿年龄特点和学习特点，游戏的重要性不言而喻。但是在当前的游戏活动中，教师指导介入游戏活动存在两个极端现象：一是高控游戏，教师一出手就干扰了游戏进程，终止了幼儿游戏；二是放任游戏，让幼儿漫无目的，只是"玩玩而已"，游戏质量较低。

　　为了消除以上现象，应引导教师不断发现游戏生长点，实现"让孩子的游戏一直有目标，让幼儿在游戏中实现深度学习"，我们通过教学实践，总结出了"四维"介入策略，即"现场介入""退后介入""隐性介入""不介入"。

一、课题提出

（一）背景

　　《3—6岁儿童学习与发展指南》中有专门的章节对"教师介入"进行了阐述，其呼吁我们要适时适宜地介入，实现有效师幼互动，推动幼儿游戏的不断发展。瑞吉欧曾经非常形象地把教师与幼儿的互动比喻成抛接球活动，鼓励教师要敢于接过孩子抛过来的球。而"介入"是实现有效互动的前提。

　　《幼儿园工作规程》《幼儿园教育指导纲要（试行）》都指出幼儿园教育要遵循"以游戏为基本活动"的基本原则。游戏是幼儿了解世界、适应环境的重要方式，是幼儿在成长过程中不可缺少的一部分。幼儿在游戏过程中，从一个游戏生成另一个游戏就是教师有效介入并实现师幼互动、幼幼互动的结果，这个结果的优劣，直接决定活动目标是否能有效达成。有效地介入能促进幼儿游戏向高一级水平发展，从而提高游戏质量，促进幼儿全面发展。

（二）现状

一是对游戏不干预。因为教师的专业性欠缺，导致教师在幼儿游戏中不会介入、不敢介入，对幼儿游戏放任自流，在指导幼儿自主游戏过程中存在一些误区。

二是对游戏过度干预。在游戏时，教师往往将游戏结果看得较重，对幼儿的自主游戏过多干预，结果教师所到之处，就是幼儿的游戏终止之时。

探索介入策略，提高师幼互动有效性，提升幼儿游戏质量，是实现师幼共成长的重要基础，基于上述背景和认知，我们确立了此课题研究。

二、研究目标

（1）探索教师在自主游戏中，如何找到支持儿童发展的契机，让孩子的游戏一直有戏，实现"玩耍有质量"。

（2）探寻教师有效介入的形式和策略，帮助教师发挥自身的专业性和指导性去"适时介入、有效支持"，实现"支持有智慧"。

（3）探究教师专业性的有效介入对游戏的助推作用，用教师的专业性帮助儿童达成应有的发展，实现"成长有力量"。

三、研究内容

研究教师在游戏活动中的介入策略，我们首先要关注的问题是：如何在游戏中找到支持孩子发展的契机，让孩子的游戏一直有戏？教师介入的策略又是什么呢？针对以上问题，我们确立了以下研究内容：

（一）关注游戏契机，让游戏一直有戏

如何在游戏中找到支持孩子发展的契机，让孩子的游戏一直有戏？所谓契机，就是生长点。生长点的生成有两种主要途径，包括自主游戏中幼儿自己生成和工具性游戏中教师生成两种单纯的情况。但我们更应该主张的是师幼互动生成。例如，一群小班孩子在一个区域中争抢一只小象，好长时间没有结果。这时候教师介入了，说："你们既然都这么喜欢这只小象，为什么不帮它建一个新家呢？"于是所有孩子立即停止了争抢，去建房子了。这就是一个典型的教师有效介入的案例。如果教师没有及时发现这个生长点，小班这个阶段的孩子争抢一个自己喜欢的玩具的结果会是什么？只能是不断吵架，继而引发"战争"。这个案例也充分展示出了生长点的魅力，生长点就在孩子们的活动中，就在孩子们的想法里，就在教师与孩子的交流中。

（二）建构介入策略，助推幼儿深度学习

教师对儿童游戏的介入，可归纳总结为以下四种形式：

1. 现场介入

这是最常见、最普遍的一种教师介入形式，也是师幼之间"抛接球"的典型体现。例如在"滚筒上的'江湖'"这个游戏中，幼儿从独自玩滚筒到两人交换玩滚筒时，反复失败，在幼儿准备放弃的时候，教师进行了现场介入"为什么你们交换滚筒没有成功"，引导孩子学会发现问题。发现问题后，教师又进行了现场介入"用什么方法交换才会成功呢"，引导孩子学会解决问题。其实，小小的游戏场就是大社会的缩小版，孩子们在游戏中解决的都是真问题，也培养了孩子遇到问题坚持、不畏缩的良好学习品质。

2. 退后介入

利用游戏结束后的分享环节进行介入就是一种退后介入。这样的介入形式，一是避免了现场游戏中对幼儿造成打扰；二是利用分享环节进行介入可以把一个孩子的经验转换成全体孩子的经验，是一种不可缺少的介入方式。教师在观察过程中，不要急于介入，应充分尊重孩子的游戏意愿，给予孩子足够的探索空间。有时，教师的"不作为"也是一种退后教育，是另一种形式的教育支持。

3. 隐性介入

主要有两种表现形式：一是幼儿之间的相互学习，这是幼儿学习的重要方式，孩子们的能力表现参差不齐，让能力强的幼儿作为介入的媒介，形成孩子之间的隐性支持，进而弱化教师的显性介入。二是体现在环境材料对幼儿的隐性支持上，根据幼儿的游戏情况，教师可以随时调整环境材料，通过增、减的形式隐性支持幼儿游戏。例如在沙水区里，教师移动已有材料的位置，或投放新材料，引发了幼儿更多对于游戏的奇思妙想——用新投放的积木搭建烤箱、用烤箱烤蛋糕、蛋糕进入蛋糕店；在新投放的水缸里和水泥，探索水和沙的比例；等等。

4. 不介入

在游戏过程中，教师的教育支持虽然很重要，但是有时候不介入也是一种支持。所谓的不介入并不是整个游戏过程中都不介入，而是引导教师做到既不越位，也不缺位。例如在"寻找平衡"这个游戏中，孩子们历经了五次调整和尝试。第一次尝试：初次感知木板间的关系。通过尝试，孩子们对平衡有了自己的想法和规划。第二次尝试：探究长木板两端的重量。孩子们有意识地去比较长木板上的两端木板重量，懂得去关注两端木板是否一样。第三次尝试：调整两端木板与支点之间的距离。孩子们开始关注两端木板与树墩支点之间的距离，对平衡开始有初步的认识。第四次尝试：重新调整长木板两端的重量。孩子们从多方面考虑问题，借助思考与猜测，配合实施和调整的能力，寻找解决问题的方法。第五次尝试：喜得成功之果。木板在孩子们坚持不懈的探索中，实现了平衡。这对教师的耐心是极大的挑战。一般情况下，教师去帮一把是再正常不过的事情，但是在这个游戏中，教师选择了放手，没有急着介入，最后让孩子们经过自己经验的不断建构，体验到了成功的喜悦。

游戏中的介入是以儿童需要为前提的。"介入"这个技能也不是一蹴而就的，对于不同的情况也不能一概而论，需要教师与幼儿多"交手"，掌握幼儿的年龄特点、学习特点，不断总结经验。当孩子有不安全状况、出现兴趣转移和游离、有学习契机出现时，教师必须介入，游戏中的教师要做到既不越位，也不缺位，要根据不同的游戏背景和状况，适时、适宜地把握介入的时机。

四、研究方法

1. 文献研究法

收集国内外相关的文献资料及动态，借鉴先进做法。

2. 调查研究法

通过调查问卷、访谈等形式，了解集团各园在开展游戏活动时教师"介入"的现状及个人发展需求，调查结果作为"适时介入、有效支持"的重要依据。

3. 经验总结法

对前期集团在教师"适时介入、有效支持"方面的措施，进行总结提升，积累好经验、好做法。

4. 行动研究法

在不断地研讨与实践中，检验、总结课题实施方案，从而进一步地调整、修正。

5. 个案研究法

通过典型个案，总结教师介入与支持的普遍规律，由点及面，总结研究成果。

五、研究对象

本集团四所幼儿园的115名教师及901名幼儿。

六、研究实施

（一）前期准备阶段（2022.10.1—2022.10.20）

（1）确立主课题，成立课题领导小组和课题研究小组，明确具体的职责分工。

（2）建立健全学习交流制度，组织课题组人员进行前期的资料查询和理论学习，建立课题资源库。

（3）制订课题实施方案和工作计划。

（二）**研究实施阶段**（2022.10.21—2023.5.31）

（1）对集团四所幼儿园游戏中教师的介入与支持行为进行深入调查与分析，了解发展现状，分析当前面临的主要问题和重难点，形成调查报告。

（2）在活动开展的过程中，观摩游戏现场，找寻游戏中师幼互动的生长点，组织教师教研，总结提升经验方法。

（3）根据发现的问题，对教师介入与支持的助推策略以及具体的方式方法进一步教研、修改。

（4）通过行动研究，对教师介入与支持的活动进行初步的经验总结并预期成果。

（5）展示研究的初步成果，发现存在的不足或问题，明确下阶段的研究任务，调整实施方案，修订课题工作计划，为课题顺利结题奠定良好的基础。

（三）**结题鉴定阶段**（2023.6.1—2023.7.1）

完成结题报告的撰写、音像资料和文案资料等的汇编工作，为成果鉴定做好充分准备。

七、预期成果

（1）通过研究，让教师了解游戏中教师介入与支持的意义与价值，明确研究方向，实现理念趋同。

（2）通过课题研究，明晰教师介入与支持的教育建议，形成"策略汇编"，为一线教师提供有益的参考，在借鉴的基础上进行创新，并积极应用于日常的游戏活动组织过程中，促进游戏质量的提高，不断提高保教质量。

（3）物化研究成果，在省级及以上刊物上发表关于游戏质量研究的论文1～2篇。争取在"四创"活动中获奖。

（4）通过研究，形成有效介入的典型经验，在县级及以上活动中做经验介绍或讲座。

本课题入选潍坊市小课题在研中

建立"成长档案"

——有效促进幼儿教师的专业化发展

一、问题的提出

在幼儿园日常工作中，各种计划和记录种类达十余种，教师整天在各种计划和记录中忙得焦头烂额，很多时候顾不上读书、学习、业务研修，这种忙于琐碎事务的工作状态不仅给教师带来了沉重的压力和负担，而且造成了他们心理上的抱怨、抵触，对工作有百害而无一利。首先，幼儿园教师的关键任务是为孩子提供健康、丰富的生活和活动环境，满足他们多方面发展的需要，使他们在快乐的童年生活中获得有益于身心发展的经验，而不应把太多的精力和时间放在案头工作中。其次，幼儿教育需要保教并重，既要关注孩子的安全健康，又要关注孩子的日常生活和学习。这样，每天上课、备课、准备教学玩具和活动材料……这些必需的工作，已经使得教师非常忙碌；再者，每天的计划和记录都相差无几、缺少新意，存在草率应付现象，很有必要进行系统、条理的归类和梳理，从而适度减轻教师负担，并为教师日常工作的规范化、科学化提供规律性的指导和引领。为此，我们幼儿园对"如何改进案头工作"等实际问题进行了许多有益的研究和探索。通过长期的实践尝试，我们发现：推行"教师成长档案"，可以规范教师的工作事务，有效提高其工作效率，极大促进教师的专业化发展。

二、解决方案

"成长档案"，即教师在教育教学工作上各种表现的记录与综合。我们为每个教师都设立了"成长档案包"，其中囊括了各种必要的计划和记录。虽然内容依然较多，但是经过我们系统化地分类梳理、概括总结，有针对性地减少计划和记录的数量，提高计划和记录的质量，减少教师的案头工作时间，从而给教师们留下了自由支配的空间和时间，使教师们从各种计划和记录中解脱出来，从而使教师有更多的时间和精力投入日常的保教工作中、投入业务素质的提高中。

三、具体操作与实施

1. 先行备课，资源共享

为了让教师从案头工作中解放出来，有更多的时间参与保教活动，我们在每个学期开学前，就利用寒暑假中的学习培训时间对上学期有价值的各种材料进行整理或对下学期的教学内容进行研讨分析、认真备课。检查合格后，上传到学校FTP（File Transfer Protocol，文件传输协议）服务器中，实现资源共享。这样，就使幼儿园的教师们不必每天、每周完成规定数量的案头工作，获得了自由的空间与时间。

2. 设立"个人成长档案资料包"，使工作条理化、系统化、科学化

每个教师的"个人成长档案资料包"中包括以下几个文件夹：

（1）我的各类计划；

（2）我的公开教学；

（3）我的经验反思；

（4）我的环境创设；

（5）我的观察记录；

（6）我的主题活动；

（7）我设计制作的教玩具；

（8）我的家长工作；

（9）我的实验课题；

（10）我的工作创新等。

每个文件夹中的内容数量不作具体规定，但强调质量和独创，材料也不需要打印，可直接保存在电脑中，实现无纸化办公。

3. 科学指导，确保实效

如何让案头工作既有意义又不增加教师负担呢？经过研究后，我们一致认为，案头工作要出自教师的内在需要，要体现教师个人的特点，真正记录教师个人的成长，写的东西要在工作中充分发挥效用。因此，解决问题的关键在于要使教师深刻认识到读书、反思、写作、研讨等是现代幼儿教师工作的必备素质，要让教师变被动写为主动写，让他们觉得记录不仅仅是为了了解孩子，更不是为了应付幼儿园的检查，而是为了促进自己的专业发展，留下自己的成长轨迹。为此，我们首先对教师进行了培训指导，使他们明确了建立"成长档案"的必要性和重要性，同时，也使其了解了操作的程序、重点和评价标准。

（1）写什么？写自己最想写的，写自己感觉最有意义、最有价值的。

（2）怎么写？以自己喜欢的方式写，以富有个性特色的方式写，也可根据自己的需要增加文件夹或下设子文件夹。

（3）怎么检查？每个教师每学期一开学即把备课、计划等相关文件上传；学期结束后，迅速整理好自己本学期的"个人成长档案资料包"，上传到规定的FTP服务器中。相关检查人员通过网络就可以随时查看每个教师的所有材料。

（4）如何管理？首先，检查者从每个教师的资料包中发现亮点和特色，以"沟通单"的形式将意见和建议反馈给教师；其次是同事间分享，利用教研会的机会，让部分教师向全体教师介绍自己成长档案中最有特色、最令自己满意的部分，并且，将分享交流作为教研组的一项常规工作。最后是园内共享，经过教研组的推选，选择好的成长档案上挂在园内网站中进行共享，将个人的智慧转化成集体的资源。

4. 典型引领，以点促面

根据我园年轻教师太多、许多教师业务有待提高的实际情况，我们在每个年级段都选拔一名优秀教师作为业务带头人，有意识地让他们的各项工作都走在大家前面，作为"样板"给大家指明方向。每个教师在此基础上，根据自身的实际情况，例如参教时间的长短、任教科目的不同进行文件夹的增删，进而充实内容，积累材料。

下面，我们以大班带头人孙琳老师的成长档案概要为模板（2007年下学期），对其主要构成进行简单说明：

（1）我的各类计划。在这个文件夹中，有班级学年计划、班级学期计划、月计划、周计划、户外活动计划、主题教学计划。孙老师还负责组织幼儿园的"小小主持人"特长活动和"家长课程培训"工作，所以还增加了"特长活动计划""家长课程培训计划"。

（2）我的公开教学。孙琳老师虽然参教时间短，却是一名成长迅速的教师，所以，在这个文件夹中，教学内容相对丰富，有多个在园内、区内及潍坊市内参讲的公开课活动方案，其在参加省优质课活动时，也收集了很多各地市优秀的讲课录像以及用于说课和交流的幻灯片资料。

（3）我的经验反思。包括教学随笔、各种演讲比赛材料、观看教育电影及录像后的观后感、聆听专家报告后的听后感，及各种心得体会。

（4）我的环境创设。以图文的形式对一学期以来的主题活动进行展示，将开展不同主题活动时，教师创设的主题网络环境、主题教学环境和区域环境以照片的形式呈现出来，也囊括了主题活动的目标、家长的配合情况、材料的投放，等等。

（5）我的观察记录。对班内的特殊孩子进行的跟踪记录、对发生在孩子中间的好玩有趣的人和事的记录，学期结束前，教师对每个孩子的评语等。

（6）我的主题活动。开展主题活动时收集的各种图片及文字资料，以及从"乐娃娃"软件节选的FLASH片段。

（7）我设计制作的玩教具。对开展各个主题活动时，自己制作或者借鉴他人的玩教具的图文介绍，以及在开展的各种玩教具展评活动中制作的有创意的玩教具。

（8）我的家长工作。我们幼儿园是潍坊市"家长课程培训"的试点幼儿园之一，而孙琳老师又是该课题的具体负责教师，所以在家长工作这个文件夹中，材料更加充实和丰富，包括各种育儿常识、开展各种活动时与家长沟通的通知、家长的反馈来信、家长问卷、每次家长联谊活动的备课流程和小结等。

（9）我的实验课题。本学期，我努力学习幼教理论，在教学中实验"音乐与幼儿记忆力培养"理论，并积极撰写观察和实验笔记，积累了大量材料。

（10）我的工作创新。主要记录了我在教育教学中的一些新想法、新做法、新感悟，特别是我在工作中开发和设计的许多新游戏、新活动等。

（11）该教师不仅认真完成了本班常规工作，还负责了"0—3周岁婴幼儿早期教育"活动，所以在这个文件夹中，有每次活动的安排、幼儿点名册、花名册、活动记录、游戏规则、活动小结，等等。此外，作为一名省优质课获奖者，还有帮教其他教师的材料等。

四、效果与价值

（1）"成长档案"的实行，让教师们改掉了工作杂乱无序的不良习惯。在资料包中，各种不同的文件夹对应不同的材料内容，教师们必须把相应的材料放进相应的文件夹，有教师说，自己以前是一个不擅于整理东西的人，电脑桌面上的材料杂乱无章，现在打开电脑，每个文件夹中都是相应的文件，显得井井有条，时间长了，逐渐养成了随时整理的好习惯。

（2）丰富的共享资源，让教师更成熟，让团队更优秀，从而提升了整个园所的管理水平。教师们在整理自己资料包的过程中，没有固定的格式，幼儿园鼓励每个教师遵循"百花齐放"的原则，发挥自己的智慧，把自己思想中的闪光部分呈现出来，这样，在进行资源共享的时候，每个教师都能从其他优秀教师的身上汲取经验，从而促使自己的思想逐渐成熟，一个人的力量是微薄的，但集体的智慧是巨大的，每个教师都优秀了，整个团队就优秀了。世纪学校幼儿园荣获全国幼儿基本体操大赛一等奖、全国幼儿舞蹈大赛优秀组织奖、山东省巾帼文明岗、山东省优秀家长学校、山东省先进托幼集体，并于2008年元月被评为山东省十佳幼儿园。

（3）激发了教师们写作的灵感与热情。幼儿园虽然没有给教师们过多的压力，让教师们整天泡在准备计划和记录的"事务堆"中，但每个教师都有想要进步的愿望，他们会自我加压，努力去收集和整理自己感觉最有价值的东西，时间长了，就会使写作成为一种习惯，而不是一种任务。在建立成长档案不到两年的时间里，教师的作品陆续发表，先后有十二篇论文、二十三篇案例、随笔、活动设计等文章见于报刊诸端。

（4）为新老教师青蓝互助、携手共进提供了一个良好的平台。一个园所的发展和进步，永远都离不开老教师对新教师的帮教作用，在部分老教师的资料包中就增加了"帮教文件夹"，其中记录了新老教师如何共同制订计划、在带教过程中新教师的表现和老教师的指导，这样不仅可以帮助新教师充分了解自己的成长过程，也能为骨干教师高效带教新教师积累宝贵的经验，促使新老教师共同成长。在全市组织的教学能手评比活动中，我园参赛的教师连续三年荣获市教学能手第一名，在潍坊市组织的优质课评比中刘玉泉、李小红分别获一等奖，杨瑞荣、李桂云分别获潍坊市教学能手，孙琳获山东省优质课一等奖，李艳华获山东省教学能手。

（5）为幼儿园持续稳定发展积累了丰富的经验和素材。幼儿园实行"教师成长档案"管理已经有三个学期了，每个学期开始前，幼儿园都会把教师上学期的"成长档案"进行保存留档。教师的"个人成长档案"其实就是一种资料的积累，是教师发展和孩子发展的一个缩影，所有教师年复一年的电子档案就可以记录下一个园所的发展历程，如果时间够长，甚至可以反映一段时间内幼教发展的历程。这一切都将成为编撰园史的第一手材料，同时也是一个教师评优、晋级、提干的依据。

（6）使教师们在反思中获得了快速成长，专业化素质明显提高。查阅教师的"个人成长档案"，我们能够强烈地感受到教师反思的意识和不断突破自我的渴望，三个学期以来，"个人成长档案"让许多教师受益匪浅，教师们纷纷展现自己的特长和特色，在反思中成长和进步，收到了明显成效。杨玉娟、庞琳琳自制的"五环闯关迎奥运"获全国幼儿园自制玩教具一等奖，孙丽丽、杨琼分别获全国幼儿基本体操优秀教练员奖，王培、刘华、孙梦莲分别获全国少儿舞蹈大赛优秀辅导教师奖，杨瑞荣被评为山东省百名优秀园长，李艳华被评为山东省三八红旗手，孙琳琳被聘为潍坊市家庭教育讲师团成员，并有十几名教师分别获市、地荣誉称号。

调皮孩子转化策略

每个班级都会有这样的孩子，调皮好动，不受约束，不守规则，活动中摸、爬、滚、打样样上阵，上课时自己不好好听，还要拖同伴"下水"。教师家长的批评与苦口婆心的教育对其基本没有作用。如果找不到巧妙的教育方法，及时予以正确的引导，这种孩子就会出现厌学、逃学、迷恋网络的不良现象，稍有不慎就会与社会不法分子勾结，就会成为真正危害社会的小霸王或刺头。让小草和鲜花享受同样的阳光，是教师的天职，对孩子无计可施、放任自流，是对孩子的不负责。作为一名教师，在教育教学中针对部分孩子的特殊情况，通过多年的仔细观察和实践发现：走近孩子，让孩子多干点"差事"，诱发孩子对某些活动的兴趣，在兴趣的驱使下先培养其规则意识，规则意识一旦形成，"刺儿头孩子"的其他毛病就迎刃而解。然后在活动中多加鼓励，多让孩子在活动中获得表现的机会，增强孩子的自信和控制能力，使孩子坚信自己能行，从而找回自信，找到做好孩子的感觉，真正成为好孩子。

解决问题的方式方法：

一、走近孩子

1. 消除孩子的心理障碍

这些孩子之所以形成这样的性格，一般有两种情况：一种是在家中被娇宠惯了，得到的爱太多；另一种是父母无暇顾及，使其得到的关注太少，这些孩子逆反心理较重。因此，在教育时不要急于求成，更不要有意地跟孩子套近乎，而是在各种活动中多观察他，适时适当给予引导和帮助。每个孩子都有他潜在的优势，要及时发现、及时给予肯定，如：点头、微笑、抚摩、竖大拇指，让孩子觉得教师时刻在关注他的存在和行为，但不要抓住一点就大加赞赏或大肆表扬，要等待成熟的时机。当你观察到孩子在活动中经常用眼神搜寻你的时候，说明孩子已经消除了对你的戒备和抵触心理，你在孩子的心目中已占有一席之地。

2. 建立和谐的师生关系

教师和孩子之间要多进行温情的沟通，在幼儿园的一日活动中，我们可以忽略孩子的学名，而是称呼他们的昵称，让他们在学校也能找到家的感觉，孩子对教师也可以直呼其名，就像朋友、同事之间一样，消除孩子与学校、教师之间的生疏感。平常像对待自己的孩子那样去抱抱他们、亲亲他们，在你敞开心扉容纳他们的同时，你也已经走入了他们的心中。师生间能否建立起和谐平等的关系，是教育能否取得成效的关键。

二、正确认识孩子，善待孩子的错误

调皮好动是孩子的本性，"犯错误"对于孩子来说是不可避免的，对于"刺儿头孩子"来说，更可能是"家常便饭"，如果不问原因，对孩子批评一通，错误最终还是错误，生气的是教师，委屈的是孩子。因此要走近孩子—了解孩子—把自己变成孩子，从孩子的心理角度去理解孩子犯错的原因，然后再因势利导进行疏通。和孩子进行交流时，控制激动的情绪是关键，然后共同分析错误的危害，让孩子认识到自己的错误，并激发改错的信心，再根据孩子的最近发展区制定出一个孩子容易达到的纠错目标，这样才是最有效果的教育。

三、多给点"差事"

"刺儿头孩子"一般都非常爱动，思维灵活，喜欢模仿成人和动手操作活动，闲暇无事时喜欢无理取闹，到处"扎人"。

（1）在活动准备时，让他协助教师做一些力所能及的准备性工作，他有事情做了，就不会在等待的时间里捣乱。

（2）在活动中，调动他的责任意识和主动性，给他一个响亮的头衔如：书屋小博士（整理修补图书）、餐厅小经理（整理餐桌）、玩具检修员（整理玩具）……让他与小朋友一起制定本区域的玩法和规则并督查小朋友们的活动情况，教师给予这么多的信任对"刺儿头孩子"来说是一个很大的冲击，因为他们平常得到的信任太少了。更重要的是自己参与制定的规则孩子比较愿意遵守。每次活动结束后对其好的做法及时给予肯定和鼓励，对其不当的行为提出正确的管理策略，试想：这样下去，他还会故意捣乱、随意破坏吗？他肯定会控制自己的行为，向积极向上的方面发展的。

（3）为人师表，给"刺儿头孩子"套上一个"小教师"的光环。例如，做操时，请他在圈中当小教师，当然他就会像模像样地做好每一个动作了。教师讲故事时，请他和教师并排坐好当"小教师"，因为第二个讲故事的就是他，当然他就得认真地听才会讲。给他套上个"小教师"的光环，起到了看不见的约束作用，省了教师不少心、多了孩子的进步，何乐而不为呢？

四、发现兴趣点，套个紧箍咒

在一日活动的各个环节仔细观察，找准孩子的优势和兴趣点，加以引导，当孩子对一个活动产生了浓厚的兴趣后，在他们感兴趣的活动中培养孩子的注意力、规则意识、自我约束能力就比较容易了。例如，有个特淘的孩子非常喜欢跳大绳，我就制定规则：小朋友自觉排好队，跳完一次到没跳的小朋友后面站好，如果违反规定停跳2次。结果他以身试法停跳2次，站在那里看到小朋友有秩序地玩羡慕极了，从那以后他破坏游戏规定的行为有了明显的收敛。因此让孩子多参加他喜欢的游戏并在游戏中制定合适的游戏规则，这样不但能培养孩子遵守规则的能力，同时孩子的自制能力也得到了很大的提高。

五、一字真经，促成功

"刺儿头孩子"一旦体验了做好孩子的感觉，他们想成为最棒的孩子的欲望就会非常强烈，这时你可以跟孩子私下约定：教师有一个非常神奇的字，它就是很棒的"棒"字，我把它写下来制成挂饰挂在你的胸前，遇到事情多看一看这个字，想一想怎样做才是最棒的，你就一定能成为最棒的孩子。这样不但能增强孩子的自信，而且也无形中培养了孩子的自我控制能力。

实施效果：以上实验让"刺儿头孩子"找到了自己的优点，并通过教师和小朋友的信任，找到了做好孩子的感觉，在他感兴趣的游戏中其规则意识得到了增强，教师的一字真经使他更加坚信自己一定能行，所以能静下来做事了，比以前有自信了，不再主动侵犯别人了，懂道理了。

教育是一份用心、用情的工作。尤其对那些"刺儿头孩子"更要讲求教育的艺术性，发掘每个孩子的闪光点，慷慨地把赞美施予他们，无论聪明或愚笨，无论乖巧或顽劣，让他们感受教师公平的爱。让孩子们从小养成自信、自立、奋发向上的健康品质。

本文曾获潍坊市金点子评选一等奖

"三跟进、两结合"，创新教师管理模式

一、问题的提出

打造一支业务精良、师德高尚的教师队伍是开展好各种教育教学活动的重要保证，是为孩子提供最优质服务的重要前提。世纪学校幼儿园是一所高标准的寄宿制幼儿园，面对这样一种崭新的办园模式，我们在促进教师成长方面进行了有益的实践和探索，创新了"三跟进、两结合"的教师管理模式。

二、解决问题的方式方法

（一）思想跟进，要求教师做爱生如子的好妈妈

"思想是行动的指南"，我们结合教师队伍年轻化、思想不成熟的实际情况，及时掌握教师的思想动态，加强了师德建设。

（1）组织教师观看各种师德报告会，以先进的典型为带动力量，通过学习先进事迹，使教师达到思想共鸣，激发工作热情。

（2）我们在全体教师中开展了"加强师德建设，从'我'做起"的活动，定期开展师德经验交流会，让先进带动后进，让典型更加典型。让每位教师真正成为孩子们生活中的父母、学习中的教师、游戏中的朋友和伙伴。

（3）在教师中开展"假如我是孩子，假如是我的孩子"演讲活动，让教师学会换位思考，多站在别人的角度想问题，做到正确地认识孩子、了解

第二篇 科学研究

孩子、赏识孩子。

（二）业务跟进，要求教师做素质优良的好教师

优良的师资队伍是保证孩子健康成长的重要前提，为了促使教师的业务能力尽快成长，首先，组织教师不断加强理论学习，学习科学的儿童观和教育观，热爱幼儿和尊重幼儿，以充分发掘每位幼儿的潜能、促进幼儿身心和谐发展为己任。不断吸收幼教改革思想，大胆进行探索和实验，积极运用科研成果，提高保教质量，做到"让家长放心，让孩子开心"。其次，我们确立了"跟进式"教研模式，让教师在反复地听、评课的过程中，不断改进教学方法，运用更合适的教学方式，充分体现出"寓教于乐"的教学思想，使各位教师的授课水平不断得到发展。最后，孩子的年龄小，集中注意力的时间短，枯燥乏味的教学不能激发孩子的学习兴趣，所以，我们在平时的各种活动中，提倡开展"快乐肢体教学"，孩子对肢体的感知非常敏感，从孩子的兴趣入手，避免了死教死学的现象，通过这种教学形式，真正让孩子们在兴趣盎然中快乐学习，把枯燥无味的学习，变成一种快乐的体验。

通过对教师进行"业务跟进"，使全体教师进一步明确了教学要求，提升了自身的业务素质，更好地服务于保教工作。在开园三年多的时间中，幼儿园先后有十名教师分别获得了"寿光市教学能手""潍坊市教学能手""潍坊市优质课""山东省优质课"称号。

（三）情感跟进，打造和谐幼儿园

和睦的人际关系、和谐的工作环境是提高工作效率的因素之一。幼儿园结合年轻教师多的情况，除了对教师实行民主管理外，更注重在教师中弘扬一种良好的风气，营造一种和谐的氛围，实施好情感管理。在日常的管理中，幼儿园非常注重使所有教职员工之间达成和谐的人际关系，实现整体的和谐共存，从而排除万难，达成共同的奋斗目标。开园至今，老教师充分发挥榜样带动作用，以身作则，不断学习进取，加强自身修养，舍小家、顾大家，工作相互帮助，合理分工。大家饱满的工作热情和敬业爱岗的工作作风为年轻教师起到了表率作用，从而激发了所有年轻教师的工作积极性、创造性，形成了"众人拾薪火焰高"般激情奔放、力争上游的工作局面。不断使幼儿园成为一个具有较强业务水平和配合协作能力的团队。每周理会前，幼儿园全体教师一起表演的手语歌《相亲相爱一家人》，使幼儿园更像一个家，使每个人更像这个大家庭中的一分子。团结就是力量，和谐就出成绩，因为和谐的团队氛围，我们幼儿园一路走来，一路辉煌。

（四）强化一种"思想"与落实一个"爱"字相结合

俗话说，"母爱是世间最神圣的爱"，而在世纪幼儿园这所"寄宿制"幼儿园中，每位教师扮演更多的就是"妈妈"的角色，甚至做了连妈妈也很难做到的事情。2006年5月17日晚上11：20，一名保育教师在巡视孩子睡觉情况的时候，发现小龙喘息急促，而且，体温在短时间内迅速升高，在将其送往医院后，医生的话至今让人后怕："再耽误五分钟的话，孩子可能就有生命危险了。"而当医生得知，送孩子来医院的不是孩子的父母而是孩子的教师的时候，他又感慨地说："你们真是了不起，能及时地观察到孩子的病情变化，就是父母在这个熟睡的时候也很难做到这一点啊。"当同病房的人了解情况后，也感动地说："怪不得孩子都愿意到世纪学校上学，教师对孩子照顾得就是细心周到。"是啊，为了让远离父母的孩子能感受到家的温馨，幼儿园的教师都像关爱自己的孩子一样关爱着每一个幼儿，喂饭、洗衣、做游戏，特别在保育方面更是马虎不得，每天量三次体温，观察大小便的情况，记录大小便的次数，一旦发现孩子有异常情况，马上请校医诊治或送往医院，因为有一颗爱心和责任心，所以才有了这许许多多的感人故事，就像杨园长说的那样，每一个教师都应该带着一颗爱心去工作，带着一份责任去工作，不留一点隐患去工作，爱与责任是幼儿园教师的灵魂所在。

作为一所"全托"而且是"寄宿制"幼儿园，其中的每位教师都必须有敬业和奉献的思想，早上要提前到园，准备迎接早到的孩子，晚上要晚归，等待迟迟未到的家长，但是，每位教师都乐此不疲，因为他们都拥有一颗童心。特别是住宿班的保育教师，每天要给孩子洗脚、洗屁股，每周给孩子洗头、洗澡，一位家长打来感谢电话说："孩子回家说，教师给他洗屁股了，我们很感动，因为只有真正爱孩子的人才能做到这一点。"托班孩子不到三周岁，每天中午休息时，教师都把孩子抱在怀里，哼着儿歌，轻轻地摇着孩子入睡，当把孩子全部安顿下来，饭菜全凉了，但是，没有一个教师有怨言。尽管工作很累很忙，但是每位教师展现给孩子和家长的永远都是一张灿烂的笑脸，每天都把班级活动安排得丰富多彩，而且，坚持跟家长交流孩子的在园情况，所有教师都做到了舍小家、顾大家。在幼儿园每周五天的工作时间里，每一位幼儿教师都是快节奏、高效率、轻松而愉快地度过每一天，他们以园为家，其乐融融，为各自肩负的使命工作着、奋斗着。

（五）树立一种"意识"与营造一种"氛围"相结合

当家长把孩子交给我们的时候，我们会有一种这样的意识：教育孩子是家园共同的责任。作为幼教工作者，面对的是年龄小的孩子，深知家园沟通的重要性，所以在日常的教学中，我们幼儿园非常重视与家长的沟通工作。在幼儿园举办的第一次"家长课程培训"中，我们精心准备讲课材料，向全体家长举行了一次"认识孩子，了解孩子，赏识孩子"的讲座，在讲课过程中，没有深刻的理论知识，而是对发生在教学过程中的案例进行了解析，并且把我们学校在"读书活动"中阅读的书目《赏识你的孩子》推荐给了家长，还在讲课过程中注重跟家长的互动沟通，让每个家长都高呼自己孩子的名字，为自己的孩子举起表扬的"大拇指"。讲课赢得了家长的高度评价，讲座过后，家长的反馈非常强烈。

为孩子营造一种"轻松、愉快、随和"的生活氛围，一直是幼儿园所追求的目标，学龄前的孩子对成人的依赖性较强，对周围的人和事表现得更加忧虑。为了让孩子身心放松地入园，尽快地适应新的环境，喜欢我们的幼儿园，喜欢周围的教师和小朋友，我们允许孩子对教师的"不大不小"，允许他们对教师直呼其名，教师在幼儿园是一个替代母亲的角色，应该对孩子有一种母亲般的呵护。此外，我们还经常举行"假如我是孩子""假如是我的孩子"这样的演讲活动，让每一位保教人员之间相互借鉴跟孩子相处的点滴经验。孩子跟教师之间的关系是温馨而自然的。家长来送孩子时，每当孩子看到自己的教师，便会迫不及待地跟家长说再见，跑到教师的怀里，家长看在眼里，自然是十分的放心。教师们用实际行动赢得了孩子的喜爱、家长的信任。

三、取得的成效

（1）在各种先进理念的引领下，教师从关爱每个孩子出发，真正成了孩子们生活中的父母、学习中的教师、活动中的朋友，建立起了一种温馨和谐的师生关系。

（2）提升了教师形象和教育形象，使幼儿园的美誉度不断提高，创建了良好的学校品牌形象。

四、操作中应注意的问题

（1）及时发现工作中的典型，并进行鼓励表扬，使其成为全体教师身边的榜样，让教师们齐头并进、共同进步。

（2）不断完善评价制度，让优秀教师更优秀，不断引领教师树立良好的教师形象和教育形象，创设和谐的师生关系和家园关系。

本文曾获潍坊市金点子评选三等奖

"小方法，大智慧"，让阅读点亮孩子人生

一、问题的提出

《幼儿园教育指导纲要（试行）》语言领域的教学目标中明确指出：发展幼儿语言能力的关键是创设一个能使他们想说、敢说、喜欢说、有机会说并能得到积极应答的环境。在幼儿园教学中，以阅读课程为载体，为孩子创设一个良好的读、说、交流环境，是幼儿园教学工作中一项紧迫的任务。

二、解决问题的方式、方法

好的阅读习惯使孩子终身受益，很多教师和家长越来越关注孩子们的早期阅读，但是80%的孩子对阅读不感兴趣，有的孩子以"随手乱翻"代替了读书，其实让年幼的孩子进行阅读，重点不在于教给孩子多少知识，而是通过阅读培养孩子的能力，养成孩子的良好习惯，促进孩子更加健康快乐地成长。

（一）营造"乐读空间"，让孩子走近阅读

1. 每个班级建立"温馨小屋读书角"

俗话说"爱屋及乌"，可以首先让孩子喜欢这个环境，通过教师的指导，进而喜欢读书活动，孩子随时可以走进区角，尽情地感受书中的乐趣。在阅读活动前，教师手把手地指导孩子"阅读"，让孩子学会按顺序翻阅，学会仔细观察画面细节，逐渐将听到的词语、句子与书上的印刷符号

相对应，在此过程中，慢慢养成阅读的兴趣与习惯，培养初步的独立阅读技能。

2. 建立"今天我播音"读书舞台，培养孩子阅读兴趣

想想多年以前，当电脑逐渐走进我们的家庭和办公室时，我们曾经为自己轻轻敲打出的字符能串联成一篇美文而无比自豪，于是面对不愿意阅读的孩子，我们设计了"今天我播音"这个小小的环节，让孩子进行有声阅读，教师帮助录音，再把录音播放给全班小朋友们听，通过这个环节培养了孩子阅读的兴趣和自豪感。

（二）实施"图书漂流"，让孩子爱上阅读

在周一至周五的幼儿园生活中，孩子们的阅读能力得到了不断提高，但周末回到家，家长却往往不能提供真正适合孩子阅读的书籍。针对这一现象，我们启动了"亲子共读工程"，将园内的幼儿情景绘本图书，向家长开放，让优质教育资源实现在家庭教育中共享。

"亲子共读工程"中，我们实施了"图书漂流记"，即每周五下午，孩子离校时，将本周在园内阅读的一本绘本带回家，绘本上都会配备"温馨话语册"。家长可利用周末或晚饭后的时间，跟孩子一起分享阅读的快乐，并将有趣的故事记录在温馨手册上，等下次书漂到另一家的时候就可以分享每个家庭的故事。

贝贝一班夏冬阳的妈妈说："市面上的幼儿读物很多，但我们往往不知道哪方面的书最适合宝宝，有了这样的资源共享，孩子把图书一带回家，我们全明白了。不在乎价钱多少，在乎的是教育意义。"

通过这样的亲子阅读，不仅进一步培养了孩子的阅读兴趣，还为家长与孩子交流提供了一个高层次平台，让家长在感受孩子成长的同时更了解孩子的所想所思，让孩子在阅读与交流中慢慢增强对父母的安全感、信任感、依恋感等。

（三）创编"自制小书"，让孩子享受阅读

因其年龄特点，在孩子的生活中永远没有单一的活动存在，他们或是边说边画，或是边唱边玩，根据这一情况，我们在孩子中开展了"自制小书"

活动，让孩子把自己所看到的用画笔以"连环画"的形式进行记录，并把画的内容再用自己的话与教师、家长和小朋友们进行分享，在这个过程中，孩子的阅读、绘画、说话、思维等能力均得到了有效的提升。

（四）开展"主题活动"，让孩子牵手阅读

（1）在学期开始前，我们以级部为单位举行"阅读开幕式"，让教师、家长、孩子自行策划、自行主持，在全体师生和家长中进行倡导，制定本班的阅读口号，激发孩子对书的喜爱及对阅读的兴趣，为阅读活动的顺利开展奠定基础。

（2）我们对一学期中所有的节假日及重要日期进行统计，并根据不同的节日设计不同的主题活动，例如在上半年的时间，我们会充分利用元宵节、雷锋纪念日、三八妇女节、植树节、阅读日、父亲节、母亲节、清明节、六一儿童节、七一建党节等不同的节日，设计不同的活动。例如：在"雷锋纪念日"来临时，我们会让孩子在了解雷锋的基础上，开展"说说未来的我"说话活动；在"母亲节""父亲节"来临时，我们会组织孩子开展"感恩演讲"活动，通过一系列的活动，为孩子创造展现自我的机会，提升孩子的说话能力。

（3）以分享阅读为载体，在孩子中开展多种形式的读书活动，并动员家长同幼儿园做好交流互动工作。首先是以幼儿园的分享阅读为基础，选取部分质量高的彩绘本，为孩子的阅读提供物质保障。其次是通过一系列的措施，例如家长心得交流、孩子口头作文等形式激发孩子的阅读兴趣。

（4）举行幼儿园"阅读节"活动，展示孩子的阅读成果。邀请教育部门领导、专家、家长代表、社会代表共同参与活动，对"阅读节"的活动给予评价和指导，对参与的孩子进行颁奖，根据孩子的表现分别授予"小读者""阅读大王""小小文豪"等称号，对孩子的成长进步进行分析并给予肯定。

三、取得的成效

（1）孩子的阅读兴趣和能力得到显著增强，特别是分享阅读中的指字阅读能力明显提高。

（2）活动中，家长积极参与，家长同孩子、同教师的互动进一步增强，使家园关系进一步优化。

（3）对孩子的日常资料，如自制小书、口头作文等进行积累，编印成册，并辅以活动细则、评价细则等，形成幼儿园的园本教材，使幼儿园的教学特色逐渐凸显。

四、操作中应注意的问题

（1）活动要让家长、教师和孩子自行策划，让他们进行头脑风暴，根据各班实际和孩子情况，制订出适合自己的活动计划，包括阅读口号、图书如何漂流等。

（2）在以分享阅读为载体的活动中，要注重家长对孩子阅读习惯和阅读方法的引导，保持家园教育的一致性，动员家长同幼儿园做好交流互动工作。

（3）为了保障活动的效果，我们要定期做好阶段调查和总结活动，并开展丰富多彩的活动，例如"故事大王""我爱我家""未来的我"等说话和演讲活动，通过以上活动提高孩子对阅读的兴趣，并提高孩子的沟通交流能力。

本文曾获寿光市金点子一等奖、山东省中小学教育科研优秀成果三等奖

第二篇 科学研究

"家园互动五法"，让家园联系更有效

一、问题的提出

《幼儿园教育指导纲要（试行）》中指出："家庭是幼儿园重要的合作伙伴。应本着尊重、平等、合作的原则，争取家长的理解、支持和主动参与，并积极支持、帮助家长提高教育能力。"幼儿教育是一项融合家庭、社会、幼儿园教育的系统工程，如果能有效地把家庭、社会、幼儿园三大教育环境综合起来，形成教育合力，将使幼儿教育起到事半功倍的作用。俗话说，父母是孩子的第一任教师，家庭是孩子学习的第一课堂。在实施新课改的今天，我们更应该认识到家庭在幼儿教育中是一个不可或缺的课程资源。所以，积极搭建家园合作的平台，实施好家园共育工作，是落实新课改、促进幼儿全面和谐发展的重要一环。

（1）世纪学校幼儿园是一所寄宿制园所，孩子远离父母，每周回家一次，由于父母工作较忙，平日与孩子接触较少，所以每个周末在成为家长和孩子交流的最好时机的同时，也为孩子提供了一个不断提出无理要求、家长不断满足孩子无理要求的机会，从而出现了5+2=0的教育现象。

（2）因为幼儿园的特色之一是寄宿制，所以迎合了很多家长的工作需求，有50%的家长常年从事个体工作，在如何更科学地教育孩子的问题上存在欠缺。另外50%的从事机关工作的家长，虽然有着较高的学历水平，但就如何做一个合格的父母也有着很多的困惑。

所以，作为一所寄宿制的幼儿园，我们清楚地看到了搞好家园合作工作的重要性。自2004年开园以来，我园先后尝试、探索出了许多家园共育的形式，与家长建立起真诚的伙伴、合作关系，既采取多种形式，提供多种机会，为家长举办各种家教培训，提升家长的育儿观念，又充分利用家长工作的资源优势，为幼儿园提供多种教育资源，从而使教育形成合力，达到共育目的。

二、解决问题的方式、方法

1. 邀请专家讲座，提升家长的育儿水平

为了使家庭教育与幼儿园教育协调一致，我们把提升家长的育儿水平当作了一个重要环节来抓，曾多次邀请专家为家长举办专题讲座，例如，我们曾邀请中国十大杰出母亲沈利萍到我校为全体孩子家长做宣讲，并为孩子家长赠送《妈妈再生我一次》一书；组织全体家长收看家教宣传片《笨小孩》等，满足家长对提高家庭教育水平的需要。此外，我们还邀请医务人员及营养师，定期为家长讲述幼儿养育知识，满足家长对科学喂养宝宝的需求，从多个层面保证孩子的健康快乐成长。

【案例】

祥祥是一个来自温州的孩子，爸爸妈妈在寿光有着自己的生意，因为平日工作忙，对孩子可以说是放任不管。所以孩子的生活习惯一塌糊涂，不断转园、不断调班成了祥祥爸妈常用的办法。祥祥来到世纪幼儿园后，祥祥的父母当着孩子的面便开始诉说孩子的诸多不是，例如，孩子不好好吃饭，不自己睡觉，调皮好动，等等。最后还说："这孩子随我们，就是笨！"（祥祥的爸妈学历确实很低，小学没有毕业）然而，在跟祥祥相处的日子中，教师发现，孩子除了生活习惯不好外，在知识的接受、情感表达等方面是一个很棒的孩子。班车教师曾经说过这样一件事：有一天早上，天气有点冷，祥祥妈妈送他坐班车，因为时间紧张，所以妈妈随便穿了件很薄的外套，等祥祥坐上班车后，又跑到车门口，对妈妈大声喊"妈妈，快回去吧，外边冷"。当时我们听了都很感动，所以，在举行这次讲座的时候，我们动员祥祥的爸妈先放一放自己的生意，来听听专家的讲座，他们都很配合我们，同

时来到了会场，而且听得很认真，讲座完了，他们很激动也很不好意思地说，听了这次讲座，他们意识到，拥有一个健康的孩子是多么的幸福，孩子不是天生就笨的，而是在家长的不断指责下变笨的，以后一定改变对孩子的态度。从那以后，祥祥的父母知道了在外人面前如何客观地评价自己的孩子，孩子更加自信了，他们也更加自信了。

2. 让教师做孩子的妈妈，让幼儿园成为孩子的第二个家

孩子远离自己的家人，难免会感到孤独，为了让孩子在幼儿园找到家的感觉，幼儿园里的每一位保教人员都在极力地扮演着另一种角色，即妈妈的角色，对孩子有一种母亲般的呵护。此外，我们还经常举行各类演讲活动，让每一位保教人员相互借鉴跟孩子相处的点滴经验。孩子跟教师之间的关系是温馨自然的，孩子从教师那里得到足够的安全感。送孩子入园时，每当孩子看到自己的教师，便会迫不及待地跟家长说再见，跑到教师的怀里，家长看在眼里，自然是十分放心。教师用实际行动赢得了孩子的喜爱、家长的信任。

【案例】

周五下午，是孩子们坐班车回家的日子。大二班的刘教师一边为每一个小女孩儿梳理着漂亮的小辫，一边跟孩子们交流着"回家了，一定要听爸妈的话""要注意安全""不要乱吃零食""过一个愉快的周末"，等等，这是每次孩子们回家，寄宿班教师跟孩子们必聊的话题。当为王祥宇小朋友梳辫子的时候，刘老师还特意嘱咐孩子说："回家了，如果妈妈扎的辫子太紧了，就跟妈妈说，会伤害头皮的，好不好？"原来，在上周孩子入园的时候，细心的刘教师发现，祥宇的妈妈给孩子扎的辫子太紧了，以致孩子的头皮都被扯红了，所以，在这次回家的时候，她还特意给祥宇的妈妈写了一封简短的信："孩子还小，头皮很容易受到损伤，为孩子扎辫子的时候，尽量不要用皮筋，用小皮套就可以了。"我们的教师就是如此细心，把孩子交给这样的教师，还有什么不放心的呢。在下周入园的时候，祥宇的父母非常激动地给学校领导写来了表扬信。信的内容是这样的：

尊敬的校长：

初秋的八月，我们收到了贵校幼儿园刘教师寄给我们的一封信，字里行间体现着刘教师对我女儿王祥宇的关爱之情，透露着一种呵护、一种期待，从女儿身体状况的微小变化，到生活习惯的培养，刘教师都给了无微不至的关怀。当我们把这封来自世纪的信件读给家人和朋友时，他们无不对世纪学校和世纪的教师充满了赞誉和崇敬。

儿童是祖国的花朵，有世纪教师对花朵的精心培育，相信我们的国家必将会春枝满园。当自己的女儿说话还不那么清楚流利时，她却经常谈起刘教师、杨教师和每一位对自己关爱的教师，她的话语中充满了自豪，她的表情是那么骄傲。送人玫瑰，手有余香，一名小小的孩童都想极力表达所感受的爱，作为家长，我们该如何表达这种感激之情呢？

我们因工作繁忙，难以顾及自己的女儿，世纪的教师却给了她比父母还要多的爱，让她在爱的海洋里健康快乐地成长。我们对世纪的感激之情无以表达，唯愿像刘教师这样的教师好人一生平安！

致以

最崇高的敬礼！

王栋椿　袁淑玲

2007年8月21日

自开园以来，幼儿园的教师们收到了无数名家长的感谢信。教师们凭借对孩子无微不至的关怀和对工作认真负责的态度赢得了孩子家长的一致认可。

3. 利用好家长工作资源优势

家长的工作性质不同，充分利用好这一资源，协助幼儿园搞好不同的主题教育活动，从而也真正让家长走进了幼儿园，发挥了家长的教育资源优势。在健康课上，我们会邀请在医院工作的孩子家长为孩子们讲各种卫生常识；在蔬菜博览会结束后，我们会请在博览园工作的家长为孩子提供参观场所；在邮局工作的家长会带领我们的孩子参观邮局；在社区工作的家长会给我们提供很好的社区参观场所，充分利用好家长工作资源优势，很好地拓展了孩子们的学习空间。

【案例】

孩子们对警察叔叔永远都是那样地崇敬。有一次，冯昱晓爸爸到班里送孩子，小朋友们看见昱晓爸爸那一身威武的警服，立即来了兴趣，围过来说个不停。恰巧我们下周的主题教育活动是"热闹的马路"，不但让孩子了解警察叔叔的工作，而且重要的是让孩子掌握一些关于马路必要的常识。所以，我们便同昱晓爸爸商量，决定利用好这一资源优势。在开展"热闹的马路"这一主题教育活动前，我们便邀请冯昱晓的爸爸提前备课，为幼儿介绍交通规则，让幼儿了解简单的交通指挥手势，教幼儿学看交通标识，教育幼儿要遵守交通规则，学习一些自我保护的方法，孩子们的学习兴趣很高，收到了很好的活动效果。从这里我们得到了启示，还邀请在蔬菜博览园工作的家长为孩子提供参观场所，并向孩子介绍相关知识，让孩子了解了寿光大棚蔬菜的发展历史，培养他们热爱家乡的美好情感；还聘请在医院工作的家长担任我们的义务保健医生，聘请单位的工作标兵担任我们的德育教师，让各行各业的家长充分发挥自身的优势，扩展了教育领域，丰富了教育资源，使孩子们受益匪浅。

4. 每月召开一次半日开放活动

非寄宿制的幼儿园家长和教师接触的机会多，便于了解孩子在幼儿园的表现，而寄宿制的孩子大多离家较远，家长到幼儿园的机会相对来说较少，所以我们为了让家长能够目睹自己孩子在幼儿园的表现，相对加大了半日开放活动的密度，以便让家园双方相互了解孩子的在家和在园表现，从而找到一致的教育方法，达到同步教育的目的。在每次的半日开放活动中，幼儿园会把各个环节的保教活动展示给家长，让家长在观摩幼儿园教育活动的同时，了解自己孩子在活动中所表现出来的认知能力、合作水平及社会发展状况，从而达到了及时发现问题、及时解决问题的效果。

【案例】

每次的家园开放日活动，我们都精心设计，尽量地把孩子在幼儿园一日活动的各个环节都展示给家长，从而让家长放心和满意。例如，幼儿园的喝水、如厕、睡觉、吃饭等保育活动环节，我们把孩子的良好常规展示出来，把孩子自理能力的培养和教师对孩子的照顾展示给家长。吃饭的时候，我们的孩子不挑食，安静地进餐；喝水的时候，教师提前把水温调好；如厕的时候排好队，不乱跑，注意安全等，让家长看了，感觉孩子在幼儿园的生活是丰富的、是安全的、是快乐的。在展示教学环节的时候，我们会根据幼儿园的办园理念，让孩子积极而活跃地参与活动，例如，"我认识颜色"这节课中，我们首先给孩子变魔术，就是取来四个瓶子，事先在瓶盖的内侧分别粘好不同颜色的颜料，瓶子里再装好水，然后教师晃动瓶子，瓶子里的水逐渐变色，孩子们在神奇而兴奋的氛围中，饶有兴趣地接受了知识。这样，使家长对教师形式多样的教学方式感到满意。此外，我们还充分利用各种节日举行亲子同乐活动，让孩子与家人一起感受浓浓的亲情，例如每年的"三八"妇女节，我们会开展"爱妈妈"主题活动，通过各种形式的亲子活动，如"把妈妈打扮得更漂亮""说给妈妈的悄悄话"等活动，让幼儿学会感恩，培养他们尊老爱幼的美德。在春日融融或者秋高气爽的日子里，我们还会充分利用寿光当地的旅游资源，组织家园郊游活动，让家长与孩子共同体验出游的快乐，同时增强了家园之间的沟通。

5. 定期开展"家长课程培训"活动

世纪学校有幸成为潍坊市首批实验学校之一，主要目的就是通过教师授课，提升家长教育孩子的理念，解答家长在教育孩子过程中的一些疑惑，以便达到家园的同步教育。我们每月开展一次"家长课程培训"活动，以班级或者级部为单位进行，由幼儿园教师提前备课，对家长进行科学育儿的培训，以及对孩子在园和在家的不同表现进行分析和解答，我们的家长课程培训工作受到家长的广泛好评，并且形成了很好的互动效应。

【案例】

在一次家长课程培训后，我们收到了很多家长的反馈意见，例如，刘戴宁的妈妈这样说："尊敬的杨老师，您好！我是戴宁的妈妈，昨天听了您精彩的讲课，我十分感动，在听课的过程中，有三次我的眼中充盈着暖暖的泪水，我感动于您对孩子的爱心，感动于您的博学和智慧，感动于您至情至性的教育理念，是的，咱们世纪学校的教育理念已与国际接轨，这应该是所有家长们所期盼和欣喜的，把孩子交给你们，还有啥不放心的呢？杨老师，您就是孩子们的第二个妈妈，在教育孩子上比我们更理性一些，谢谢您，杨老师，您辛苦了。"

三、取得的成效

（1）建立起了和谐的家园关系，家长参与幼儿园管理的积极性空前高涨，家园携手共同育儿成为一种趋势。

（2）利用家长资源优势，扩展了幼儿园的课程领域，通过家长走进来和孩子走出去的形式，使幼儿园的课程资源更加丰富精彩。

四、操作中应注意的问题

《幼儿园教育指导纲要（试行）》的颁布更加肯定了家园联系工作的重要意义。更好地发挥家长、家庭的教育作用，将为孩子提供更广阔的发展空间。今后，我们将不断探索寄宿制幼儿园加强家园合作的新方法，更好地促进孩子全面和谐的发展。

本文曾获寿光市金点子一等奖、山东省中小学教育科研优秀成果二等奖

制度"儿歌化"，唱响精细化管理主旋律

一、问题的提出

制度管理在幼儿园管理中是必不可少的，但仅仅依靠制度管理往往不能取得很好的管理效益，主要存在以下几个问题：

（1）幼儿园孩子年龄小，对各种要求和制度的接受能力较弱，加之各项制度和要求的篇幅较长、种类繁多，具有一定的复杂性，不易于被教师和孩子所接受。

（2）各项制度中的用词比较严格、生硬，不符合孩子的年龄特点，不利于被教师和孩子理解和吸收，从而使制度得不到很好的贯彻和落实。

（3）在日常的工作中，教师对各项要求和制度有时候会疏于梳理，经常存在"丢三落四"的现象，从而成为"冲撞"制度的"牺牲品"，在很大程度上挫伤了教师的工作积极性。

在幼儿园管理中实施"精细化管理"，成为提升园所管理水平、促进孩子发展、打造一流师资队伍的必然趋势和要求。而制度儿歌化，正是促进幼儿园精细化管理的有效措施之一。

二、解决问题的方式方法

（一）实施的过程

（1）我们首先针对各项工作制定了相应的工作流程，保证各项工作的科学性、规范性。

（2）根据"取之于师生，用之于师生"的原则，鼓励教师根据各个环节和流程的规定，进行儿歌的创编，使儿歌符合工作实际，做到不做作、不生硬、不强制。对于不符合工作实际的儿歌，及时进行修订。

（二）实施的内容

1. 行为习惯"儿歌化"

我们将孩子穿脱衣服、如厕、喝水、就餐、整理衣服、刷牙漱口、文明礼仪、睡觉、鞋子摆放、上下楼梯、上课等所有活动的要求流程化和儿歌化，让各种要求变得简单易懂、朗朗上口，并分门别类地进行了归纳和整理。例如对孩子刷牙的要求是：小牙刷，手中拿，张开我的小嘴巴，上面牙齿往下刷，下面牙齿往上刷，左刷刷，右刷刷，里里外外都刷刷，我的牙齿白花花。

2. 一日生活环节"儿歌化"

从早上入园至下午离园，孩子一天的时间基本上是在幼儿园度过的，而一日活动的要求又是繁杂琐碎的，为了让孩子明确各个环节的要求，我们将孩子在幼儿园的一日生活环节"儿歌化"，例如早上入园的要求是：儿童来园先问好，文明礼貌不可少。书包异物仔细找，药物放到药品包，儿童健康照顾好。

3. 班级管理"儿歌化"

在日常的班级管理中，各种制度的名目繁多、篇幅冗长，为了便于教师的班级管理，我们规定了班级管理"六不走"：桌椅不归位不走；物品不整理不走；门窗不关闭不走；电源不切断不走；卫生不打扫不走；垃圾不倒掉不走。从而更加规范了班级管理程序，大大提高了班级管理水平。

4. 教学管理"儿歌化"

打造一支师资优秀的教师队伍是提升幼儿园保教质量的关键因素，而教学环节的落实是提升教师素质的重要保证，为了细化教学环节，落实教学常规，我们的要求如下：课前准备第一步，兴趣引领巧导入，师生互动气氛融，合作交流来建构，突出情感需延伸，课后反思要认真。

5. 特殊生关注"儿歌化"

特殊生同优秀生都是我们幼儿园的重要教育对象，在关注特殊生的工作方面，我们做到了以下要求：特殊生要关注，全部身心要投入，你关注、我关注，人人都来做记录，特殊需要要满足，人人发展都进步。

6. 日常知识"儿歌化"

幼儿园提倡教学活动游戏化，所以，在日常教学中，我们避免了死教死学的现象，从激发孩子的学习兴趣入手，将日常知识的教授也"儿歌化"，例如在区分119、120等急救电话时，我们进行的儿歌创编是：遇火灾，不要慌；打电话，119；消防车，及时到；火扑灭，灾难消。有病人，不着急；打电话，120；医生到，忙抢救；病情消，齐欢笑。

此外，我们还根据幼儿园的实际情况和临时性工作的安排，进行一系列的制度制定和落实，并同时创编儿歌，付诸工作中。

（三）实施的目的

（1）让"儿歌"代替制度，使其成为全体师生的温情指挥棒。儿歌用词响亮，格调欢快，朗朗上口，易懂易记。

（2）让"儿歌"代替制度，使制度的贯彻和落实更加扎实有效。

（3）让"儿歌"代替制度，降低了教师在执行制度时的抵触心理，大大激发了教师的工作积极性；提高了孩子对一日环节要求的认知和应用。

（4）让"儿歌"代替制度，使精细化管理更加深入人心。

儿歌的特点符合孩子的心理和年龄特点，不再烦琐，不再生硬，便于让教师和孩子们接受和遵守，使师生在执行制度时更加扎实到位。

三、取得的成效

（1）2008年11月7日，我园为潍坊市组织了"良好行为习惯养成"现场会，制度"儿歌化"的做法得到了300余名与会人员的好评。

（2）我园的"制度'儿歌化'，唱响精细化管理主旋律"项目被评为潍坊市学前教育重点调度项目，每月进行月段工作推进汇报。

（3）我园目前已经对"儿歌化"的各项要求和制度，进行了汇总和张贴展示，整理了一系列的文本材料，对孩子和教师的行为起到了很好的指导和引领的作用。

（4）《制度儿歌化，唱响精细化管理主旋律》于2009年11月，被评为寿光市教育教学燎原奖一等奖。并发表在《都市家教》2009年12期中和《山东幼教》2010年1、2月合刊中。

四、操作中应注意的问题

（1）制度"儿歌化"的目的是让师生在轻松自然的氛围中掌握各种制度，所以，在日常工作中，要避免硬性检查、评估等现象的发生。

（2）为了真正体现"取之于师生，用之于师生"的原则，各种儿歌的创编一定要切合实际，并同时体现"儿童化、人文化、生活化"的特点，避免语言的"生硬化、苛刻化"。

把简单的事情做好就是不简单，把平凡的事情做精就是不平凡，在下段工作中，我们将更加关注过程管理，发挥出"儿歌"的教育功效，让精细化管理成为幼儿园管理工作的灵魂，促进园所整体水平的提高，进一步提升园所的核心竞争力。

本文曾获寿光市燎原奖一等奖、山东省中小学教师教育科研优秀成果一等奖、寿光市政府成果奖三等奖、在《幼教园地》中发表

童话·童画　话画相长

　　幼儿园的语言教学和美术教学是两个独立存在而又相互辅助的教学领域，对于学前年龄段的幼儿来说，讲故事和绘画是他们非常喜欢的事情，如何在美术、语言两个课程领域中，找到一个合适的切入点，辅以丰富多彩的活动，培养孩子的绘画能力、口语表达能力。让幼儿既能够在绘画的技巧、技法、颜色的使用、线条的勾勒、画面的安排等方面取得长足的进步，也能够在"说连贯的话、流利表达自己的意愿、词汇的丰富"等方面获得发展。通过两项活动的有机结合，最大限度地提高孩子们语言表达和绘画表现的能力，是幼儿园当前的重要任务之一。

一、"童言童语绘童画"自制小书，为孩子创设动口动手的机会

　　我们成人都有一个很深刻的感受，那就是发生在我们自己身边的事情，能够触及我们内心情感的事情，我们自身熟悉的、亲身体验过的事情，在我们记录或者写作的时候，能够一挥而就、一气呵成。根据这种道理，我们在全体孩子中开展了"童言童语绘童画"自制小书活动。

　　为了帮助教师和孩子完成自制小书活动，我们总结归纳了"自制小书"四步法，即：参与体验（开展主题活动）—梳理表达（进行语言表达）—图画表现（尝试艺术表现）—图文并茂（达成教学目标）。例如在"美丽的秋天"这个主题活动中，我们首先通过创设情境、外出郊游等不同的形式让孩子了解秋天、感受秋天，然后让孩子说说他们眼中的秋天是什么样子的，再

用图画的形式进行记录，在"想一想、说一说、画一画"的过程中，完成教学目标，并重点发展了孩子的说话和绘画能力。

自制小书活动主要结合幼儿园主题活动、有意义的节假日活动进行，因为这样的活动，孩子们不但亲身参与，而且能够触动孩子的心灵，激发孩子的说和画的积极性，让孩子们"有的说，有的画"，能够真正促进孩子的发展。

例如，小四班孙伟毓小朋友在自制小书"家人的属相"中，说道：爸爸属龙，妈妈属蛇，阿姨属兔，我属虎。每幅图上的小动物也画得可爱、卡通，童真童趣表现得淋漓尽致。郝炳然小朋友在自制小书"美丽的秋天"中，说道：秋天是绿色的，秋天是黄色的，秋天是红色的，秋天是五颜六色的。在这个活动中，不仅锻炼了孩子的表达和绘画能力，还有利于孩子认知经验的建构，培养孩子热爱自然、热爱家人的美好情感，孩子们不论在语感还是情感方面都得到了很好的锻炼，为今后进入小学的写作奠定良好的基础。

为了及时吸取广大家长的意见和建议，我们向家长发放了"阶段性反馈活动"调查问卷，定期进行阶段总结，倾听来自家长对活动的心声，以更好地改进今后工作。

将家长的反馈资料进行收集后，我们以班级为单位装订成册，并统一命名为"看得见的成长"。例如中一班张舒李怡的家长说：本次活动开展得很有意义，从多方面提高了孩子的绘画能力，孩子的语言及思维能力得到了很好的发展，我们很满意。中二班冯钰焜的家长说，通过这项活动，孩子们可以在家长的帮助下，比较完整地画出一件事情，并用简短的话进行表达，这使孩子的绘画和表达能力都有了较大的提高，通过这种活动，相信日积月累之后，孩子的概括和提炼能力肯定大大提高，现在孩子比较喜欢画发生在自己身上的故事，虽然不是很完整，但相信孩子的进步会越来越大。

二、"经典故事，同画异构"自制大书，为孩子提供想说、敢画的空间

我们都知道，艺术教育的最终目标是激发孩子的表现欲望。我们在组织孩子进行自制大书活动时，遵循两个原则：一是选择不同的经典故事，让孩子分别进行绘制。二是选择相同的经典故事，让不同的孩子绘制。例如让孩子绘制小桃仁、乌鸦喝水等故事，孩子们能够从不同的角度进行绘画，展示出了孩子们良好的艺术表现力。

因为每个孩子欣赏美、表现美的角度不同，所以他们绘制的图画也会不同。在进行交流的时候，孩子们都能从对方的表现方式中吸取有益的元素，更进一步丰富他们的表现手段、提高他们的表现水平。另外，对幼儿园年龄阶段的孩子来说，对他们的画，不能用"像"与"不像"的标准进行评价，我们必须承认，孩子的每一幅作品中，都有一个童真、童趣的世界存在，都有一个好听的故事，所以，要鼓励孩子用自己的话讲述自己的画，从而达到"话画相长"的活动目标。

三、确立"阅读节"，以读促说，以读促画

如果说"自制小书""自制大书"对于提高孩子们的说话和绘画能力的作用更加直接的话，那么"阅读节"这种形式的作用就是间接性的，而且更加综合。

在阅读节开幕式之前，我们首先以班级为单位进行班级阅读节计划的制订，为了贯彻说话与绘画相结合的理念，我们鼓励各班以"图文并茂"的形式进行表现，"图"的部分难不倒孩子，但是"文"的部分必须要由教师代笔，但只是代笔，话还是由孩子们说。对于有些表达不明确、啰唆的话，教师适时地以商量的口吻进行提醒，最终形成最后的表达。另外，在制订计划之前，孩子们进行了激烈的讨论。例如说我们什么时候带书到幼儿园，我们班的书如何分享，我们应该做哪些准备工作，等等，把这些环节全部用图画加文字的形式进行表现。阅读计划完成后，孩子们可以根据图示进行回顾，

提高了他们的阅读兴趣，培养了孩子们良好的阅读习惯，为孩子进行早期阅读奠定良好的基础。

四、活动中积淀，提升"说、画"能力

孩子说话、绘画能力的提升，不能仅仅依靠一个活动，这不是可以一蹴而就的事情，而是需要长时间的坚持，需要家长与幼儿园的密切配合。为了彰显活动效果，我们在平时的教学活动中，还穿插进行"幼儿魅力童声故事赛""米罗作品义卖"等活动作为辅助，让孩子们通过亲身参与活动，获得进步，感受成长的快乐。

开展"精彩晨间十分钟"活动，主要是利用孩子早上入园的间隙时间，鼓励孩子在班级教师和小朋友面前讲故事，每学期评选阅读明星。制订简单的规则：讲三个故事，获得一颗星星；三颗星星，换一个月亮；三个月亮，换一个太阳，鼓励孩子们积极地参与到多读书和读好书的活动中来，孩子们的口语表达从不愿说—开口说—说得好—说得精彩，是一个质的飞跃。绘画从材料单一、形式单一、模仿为主，到材料多样、形式多样、具有创新性的转变，为孩子们提供了一个更加广阔的发展空间。

通过开展丰富多彩的活动，让孩子在"动手玩颜色""开口学说话"的过程中，达到两项能力相互促进、相互融合，实现"话画相长"的最终目标，最大限度地调动孩子的所有感官，真正做到在"玩中学""做中学"。

本文曾获山东省中小学教育科研优秀成果二等奖

第三篇

讲座学习

游戏案例撰写与解读策略

——记录、解读、支持

老师们，大家好！

刚才马晓月老师结合具体的案例，分享了如何撰写游戏案例，以及自己在撰写游戏案例过程中的一些心得体会，非常的详细、具体，可以说是拿来就能用的经验，希望对老师们起到举一反三的作用，让教师们有所启发、有所借鉴。根据马老师讲的内容，我再作以下补充。

写作，对于幼儿园教师们来说，是一件比较难的事情，也可以说是我们这个领域的人所不擅长做的事情。我们擅长做的事情是什么？（互动）我们幼儿园教师擅长做的事情，是除了写作之外的所有事情（是老师、是妈妈、是法官、是巡查员、是外交官、是保姆、是保洁员）。所以，我们不擅长写作，但并不妨碍我们成为一名"棒"老师。

大量浏览教师们的游戏案例后，我觉得在题目的确定、写作的方法、结构的安排、价值点的选取等各方面还是存在一定的问题，当然，有问题不可怕，说明我们还有很大的改进空间，本篇就针对游戏案例中存在的以上几个普遍性问题，做一些简单的补充。

一、当前游戏案例写作中存在的普遍问题

（一）题目的确定不够聚焦

题目要聚焦，要有指向性和概括性，要体现中心思想，不要太宽泛。例如有一篇案例的题目是"挑战无处不在"，这样的题目读来太宽泛，主旨不能一目了然，是挑战的滚筒呢？还是挑战的搭积木？还是挑战的跳绳？只有读完，才能知道是怎么回事。题目要开门见山，就像我们的集体教学活动，开始的部分不要太绕，越直接、越有指向性越好。例如，一中花园幼儿园的搭建案例题目直接叫《龙》，等等，这样的题目比较聚焦，而且很有童趣，属于比较合适的案例题目。

（二）游戏背景不够客观简洁

游戏背景就是游戏活动发生的背景，属于案例的第一部分，这一部分的写作要求是：使用白描的手法，要尽量原生态地呈现，不要有很多的教师主观意识的分析。其次就是写作方法，文学性成分不要太多，例如有个教师在案例的背景部分是这样描述的："有了天使的陪伴，油桶发出了快乐的笑声。"这样的白描显然是不合适的。《一个葫芦的幼儿园之旅》的游戏背景是这样描述的："本次的游戏课程，发生于九月份，在户外游戏即将结束时，大班的糖糖在种植区发现了一个大葫芦（已经掉在地上连着藤蔓），把它带到了班级小朋友游戏的南区，孩子们被这个不常见的大葫芦吸引了，一个由葫芦引发的游戏课程由此开始。"还有《智勇双全双滑索》这个游戏案例的背景是这样描述的："幼儿园北区因地制宜，充分利用场地和一棵干枯粗壮的大树打造了面积约110平方米的滑索区（见图1），一种是孩子们命名的'飞盘滑索'，一种是可抓握的'飞机滑索'（见图2）。新学期开始的第二周，小一班的孩子散步路过这里，小宇等几个小朋友想玩玩试试，于是在接下来的游戏时间，开启了他们的滑索之旅……"

图1

图2

背景撰写要交代清楚以下几个要素：时间、地点、人物、事件。例如在这个游戏背景中，时间是新学期开始的第二周；地点是幼儿园北区的滑索区；人物是小一班的孩子；事件是探索滑索。

游戏背景尽量不要出现孩子的对话，只需要分析此游戏开展的大背景即可。例如孩子的兴趣（这个游戏中孩子的兴趣很明显：几个小朋友想玩玩试试）、孩子先前经验等。

（三）案例中的生长点过于僵硬

教师们可能会问："生长点是什么？生长点怎么找？"首先，需要说明的是，这个问题没有固定的答案，如果生长点有固定的答案，那孩子们的游戏就成了固定形式，恰恰相反，我们的游戏活动有着不可复制的特点，时时处处充满创新和变化。其实我们不妨这样想，游戏不断延续、不断发展就是孩子不断发现问题、解决问题的过程，孩子们生发出来的问题，就是生长点。但是，需要提醒教师们的是不要为了寻找生长点而硬性生成成长点，例如，案例《"一张太阳床"引发的探索之旅》，从题目上看，应该是一个比较好玩的搭建游戏，或表演游戏、角色游戏，在这个案例中，师幼之间有这样一个互动的过程，背景是孩子们站在太阳床上，导致太阳床塌陷。教师提问：怎样就不会塌陷呢（这样的提问既很开放，又有指向性，是引导孩子想办法解决问题的一种追问，是合适的）？学生回答：轻一点的东西在上面就不会塌陷（这样的回答说明了孩子对轻与重有一定的认知）。如果把这次互动作为一个生长点，游戏应该发展得很自然、很巧妙，会与我们的五大领域进行衔接，从而进一步探究轻与重等问题。但是接下来教师的互动是：太阳床上还可以玩什么？这样的一个问题，跳跃性太大，孩子们的思维没有延续性和连贯性。放到我们的集体教学中，这个问题其实是缺少了什么？（互动）缺少的是追问，所以，游戏中师生的有效互动至关重要。这个案例同样说明了集体教学活动和游戏活动有太多的共通之处。

（四）分析部分略显牵强

分析是案例中的一个重要环节，也是凸显教师专业性的重要环节。为什么这么说呢，因为分析要有理有据，不能自说自话。需要教师们聚焦游戏本身所蕴含的价值和特点，不需要牵强的面面俱到、泛泛而谈。例如，解读一个建构游戏，要抓住建构游戏的性质、特点、功能以及孩子在建构游戏中的核心经验，要聚焦、要精准、要有指向性。

建构游戏中的核心经验是什么？一中花园幼儿园对建构游戏的核心经验进行了整理。一是建构技能的已有经验以及新经验。建构技能是建构游戏中最基本、最常规的元素，没有技能，就没有作品。技能决定了建构作品的美观性和复杂性。（小班：平铺、延长、围合、垒高、加宽、盖顶。中大班：排列、组合、架空、插接、镶嵌、编织、黏合、旋转）二是建构游戏中"看"很重要（包括观察能力、观察方法）：对建筑物结构的破译，既要仔细观察建筑物的整体结构，又要关注细节。例如，比萨斜塔的结构非常复杂，如果孩子们没有观察，是把握不好比萨斜塔的特点的。只有进行了整体和细节的观察，孩子们的建构作品才能栩栩如生、叹为观止（举例说明孔雀的搭建过程）。我们在评价孩子的美术作品的时候，应杜绝用"像不像"来进行评价，但是建构作品越像，越能体现孩子强大的观察能力和搭建技能。三是熟悉园内材料（种类及特性）。熟悉园内的材料，可以让我们的游戏过程事半功倍。在表现某个建筑结构细节的时候，可以用哪些材料来搭建？所用到的材料都在幼儿园的哪个角落？游戏开始之后，我们如何分工选材？比如有的教师熟悉我们门口的那部分材料，觉得其中的方板可以做比萨斜塔的盖顶，有的教师知道仓库里有废弃的胶皮门帘，可增加摩擦力……

现在存在的问题是，反思与分析部分很浅显，大多分析针对游戏中比较表面、直接的现象，基本都是游戏中幼儿之间的合作，也就是我们所说的社会性发展这个关键经验，对其他方面关注得很少。案例的分析部分还需要关注哪些，后面还会讲到。

游戏案例的分析，要体现游戏本身的价值，不要牵强地、随意地、不着边际地分析，例如有的教师在思考与感悟环节这样写："通过游戏，不断培养孩子生命成长的力量。"这样的话没有针对性，放到哪个游戏中都可以，建构游戏也可以，角色游戏也行，普适性太强。

（五）游戏过程的记录主次颠倒

当前案例撰写中存在最明显的问题，就是教师们把孩子们之间很详细的对话，都在正文中进行了呈现。孩子一句、教师一句，一句不落地进行了记录，这是没有必要的，对于游戏过程记录的原则是：孩子说的话只记录有价值的，对辅助支撑游戏发展的内容进行记录，教师可以进行简单总结和归纳，切忌眉毛胡子一把抓。

另外，探究性游戏过程的记录一定要呈现孩子的探究过程，而不是教师用一句或者几句总结性的话，一带而过。例如在《水上乐园》这个案例中有一个过程记录为"原来水越多，越容易滑"，从表述上看，就是教师代替幼儿进行了总结。

关于游戏过程的记录，这里不再举例说明，回去可以对照自己撰写的游戏案例进行修改。

（六）游戏本身的价值性不大

我们都知道，不论什么样的游戏，不论这个游戏发生在哪里、几个孩子玩，总有他的价值，孩子们只要是玩，总会有发展。但是作为"撰写游戏案例"的游戏来说，我们就要从众多的游戏中，选取一个相对来说具有"可分析"的价值的游戏。例如有一位教师撰写的游戏案例《挑战滚筒》中，小班幼儿反复爬上一米高的滚筒。游戏有四个环节：教师将一个孩子抱上滚筒、孩子们利用垫脚石爬上滚筒、用平面梯爬上滚筒、站在滚筒上站得高看得远。这样的游戏过程一定有孩子的发展，但是，这样的游戏没有典型性，教师在进行分析解读的时候很难找到价值点。

所以，教师在选取游戏时，要注意游戏之间的连续性、连贯性，也就是游戏课程化理论所强调的 P to P，从一个游戏生成另一个新游戏。

（七）部分案例存在拼凑现象

教师们在写东西的时候会出现这样两种现象，一是写不下去，二是滔滔不绝停不下来（互动，感觉写不下去的教师有多少？停不下笔的教师有多少？）。这两个问题其实有一个共同的解决方法，就是要学会回头看，看初衷，就是你最开始想写什么内容，不要偏离方向，有的教师写东西就是拼凑，因为他不知道自己到底想要什么，所以，越写离主题越远。当你遇到这种情况的时候，就停下来，回到最初，厘清思路，重新标明主题。

（八）存在编"案例"现象

真案例和假案例一看就能看出来。案例的撰写一定要基于幼儿的游戏过程，孩子的玩和成人的想一定不是一码事。孩子们的游戏从一个游戏到另一个游戏是自然的、流畅的、是 P to P 的真实呈现。而成人编出来的案例，容易呈现出 P1、P2、P3、P4……这样的形式。游戏案例不是闭门写出来的，而是教师和孩子一起玩出来的。

（九）其余几个需要注意的小问题

一是文本的体例，不要使用第二人称。有的教师在写作过程中使用了第二人称，不合适。二是不要使用孩子的真实姓名，用化名。三是大多数案例都是流水账式的记录，没有取舍。四是很多教师的游戏案例写成了随笔的格式。五是用词不要太文学性，不要负能量，不要出现贬义词。六是游戏类型的确定，不要自行创新，要根据各种理论对游戏的分类进行准确划分。皮亚杰的游戏分类理论包含练习性游戏、象征性游戏、规则性游戏。美国的帕顿游戏分类理论包含独自游戏、平行游戏、联合游戏、合作游戏等。现在国内和苏联的游戏理论包含创造性游戏（角色游戏、建构游戏、表演游戏）、教学游戏（规则性游戏）、体育游戏、音乐游戏、智力游戏。王振宇教授对游戏的分类理论包含自主性游戏和工具性游戏。王小英教授的游戏分类理论包含自主性游戏、教学游戏、本体性游戏和工具性游戏，使游戏的分类维度更加统一了。

以上六个方面是需要注意的一些小问题。除了以上问题外要想写好游戏案例或者做好游戏视频的解读，需要教师夯实专业基本功。例如掌握各年龄段的年龄特点、心理发展特点、个别幼儿的个性化发展经验（这是华爱华教授建议为每个幼儿建立游戏文件夹的原因）、各类游戏的特点、性质和功能、幼儿在游戏活动中发展的关键经验。

其实，对于幼儿园教师来说，用到的写作体例一般是教学随笔、教学论文，还有就是游戏案例。写好文章的秘诀和捷径，就是多练笔。

二、 游戏案例的概念、意义、特点以及撰写要点

说到游戏案例的撰写，丁海东教授在第四期"齐鲁名师建设工程"会议中，作了一个关于游戏案例撰写的专题报告，其间提出过自己的观点，他说："2018年教育部征集的32个优秀游戏案例，只是提供了一个示范。"这句话的意思是，游戏案例的撰写没有一个固定的模式，2020年山东省教科院要求提交的游戏案例的模式是"游戏活动的背景、游戏过程与实录、游戏活动特点和价值"。但是，一个完整的游戏案例中应该包含哪些关键点，这是教师们需要了解和做到的。今天就结合丁海东教授的讲座和我们的做法，讲一下游戏案例的概念、意义、特点以及撰写要点。

（一）游戏案例的概念

游戏案例是教师基于幼儿的兴趣与经验（游戏是幼儿已有经验的反映；反映幼儿身心发展的需求；兴趣是最好的老师，看孩子是否感兴趣；关注孩子的前期经验，哪种活动对孩子有价值），创设提供一定的环境条件（不是在真空中发生的，需要空间支持），引导和支持幼儿积极主动地参与游戏，使幼儿在活动与环境充分互动（师生互动、生生互动，以及与环境和材料的互动），对内容上有一定内在联系的游戏活动（有聚焦的主题或者是贯穿的线索）的过程记录以及自我呈现出幼儿在游戏中学习的教育叙事（文本体裁）。

（二）游戏案例的意义

所谓的案例，就是讲故事，就是讲述过去发生的事情，就是回头看、向过去看。虽然是讲过去的故事，但是最重要的是要呈现出对未来的规划。其意义体现在三个方面：

（1）表现在课程建设上。对材料的收集、整理和分享都是课程资源建设的重要内容。

（2）游戏案例虽然是一种教育叙事的文本体裁，但是也体现着与"学习故事""课程故事""游戏故事"同样的课程价值与导向。

（3）只有做过的事情，才能体现出其有内涵、有积淀、有文化、有品质的特征。

（三）游戏案例的特点

（1）文本体裁上，是一种典型的教育叙事的结构。

（2）案例的撰写者，一般是置身于活动现场或亲历活动过程的幼儿教师本人。所谓反思，是教师自己对自己的反思。

（3）案例所记录及分析反思所指向的活动，是游戏活动，而不是别的其他活动，更不是一般意义上的集体教学活动。

（4）游戏活动的发起分为两种，一是幼儿基于兴趣自主开展的，二是教师组织开展的，需要注意的是，虽然活动是由教师组织开展的，但一定是基于幼儿游戏的需要和兴趣，否则活动极易沦为教学活动而非游戏。

（5）所谓高质量的学习探究，可理解为幼儿积极主动地参与游戏，与环境充分互动，满足游戏的愿望，体验自主探究的乐趣，获得有益的学习经验。

（6）作为游戏活动的记录与反思，这里的游戏活动可以是一次独立的游戏活动，也可以是有着内在联系并围绕某一个主题展开的系列活动。

（四）游戏案例的撰写要点

1. 游戏活动的背景（如同白开水，体现原生态）

尽量采取白描的形式。不要加入教师的主观评价或者判断，原生态地把游戏活动发生的背景呈现给大家。

在背景部分，需要交代清楚的是：哪个年龄段幼儿（谁在玩）；幼儿兴趣前期经验及年龄特点；游戏发生的环境（在哪里）；投放的玩教具材料（玩的什么），也就是给予孩子的材料支持是什么。

这一部分的篇幅不宜过长，要言简意赅，只要把事情交代清楚就行。

2. 活动过程与实录（如同果汁，体现丰富多彩）

关键环节：过程与实录的呈现，以游戏活动开展的情节和顺序的展开为依据。不是细节的全部呈现，而是选取一定的线索或活动主题的聚焦。

典型行为：不是把孩子说的话都写进去，而是写体现游戏价值的话，如果写得太详细，不容易体现亮点。

有效支持：教师在游戏现场的有效介入与引导。教师指导是手段，孩子自主是目的，一定要重视师幼互动的价值。孩子是喜欢教师陪着他玩的，喜欢跟教师一起游戏。教师和孩子的互动不能间断，如果只强调幼儿行为，而不强调教师行为，是不可取的。

关于介入，举例说明（骑小车游戏）有效介入、隐性介入、退后介入的策略。

不同层次的教师，介入的策略也是不同的。骨干教师、有经验的教师能够掌握介入的度，如果年轻教师不能准确把握介入时机和技巧，一旦介入就终止了游戏的话，可以多看、少介入。

游戏分享：游戏分享环节非常重要，这是把一个孩子的经验变成全体孩子经验的重要机会。我们经常说的"在游戏中实现深度学习"的意思，就是在游戏中建构起新经验。孩子最好的学习方式之一就是孩子之间相互学习。分享的另一个重要作用是，引起和激发孩子对下次游戏的兴趣。所以，教师在游戏过程中的观察和介入至关重要，只有会观察、懂介入，才能在分享环节做到有的放矢。

3. 活动特点与价值（如同茶水，体现指向性针对性，沁人心脾）

活动特点与价值部分，也可以是反思与分析。因为一个游戏案例中，体现的不仅仅是孩子的成长故事，也是教师专业成长的故事。

在这个环节中，我们要写清楚几个问题：游戏活动的特点；幼儿获得的学习成果，也就是获得的经验；教师支持行为的效益，介入是否恰当（要有对自身行为的反思，包括做法的欠缺，要有改进的意识）；进一步教育的契机，也就是对后续游戏的构思。需要注意的地方是，教师要理性反思，不能把所有案例都反思成非常成功的、非常满足的，因为教育永远都是一件有遗憾的事情。

根据现在对游戏活动研究的发展来看，研究从重视游戏案例的撰写转到了不但重视案例撰写，也重视游戏活动的解读上来。我们不妨先来大体了解一下游戏活动的发展历程。

2001年9月颁布的《幼儿园教育指导纲要（试行）》中，指出"游戏是幼儿园的基本活动"，对健康、社会、语言、科学、艺术方面进行了阐述，但是没有章节专门对游戏进行阐述。在2012年10月9日正式颁布的《3—6岁儿童学习与发展指南》中，有专门的章节阐述游戏的功能，同样没有把游戏列为领域活动之一。2018年11月，教育部基础教育司首次在全国范围内征集幼儿园优秀的游戏案例，目的是更好地贯彻《纲要》《指南》，不断推进落实"游戏是幼儿园基本活动"这个教育理念，同时促进教师支持和指导幼儿游戏活动的专业发展。随着国家层面对游戏活动的重视程度越来越高，2019年12月，山东省积极响应国家层面对游戏活动的要求，开始评选确定省级学前教育游戏活动实验区和实验园：潍坊地区的两个试验区是寿光和奎文，文正教育集团的建桥幼儿园是潍坊地区唯一的实验园。2020年11月18日，山东省下发了《关于征集首届山东省幼儿园优秀活动案例的通知》，明确提出征集的指导思想是必须凸显"以游戏为基本活动"，包括自主游戏活动、教育教学活动、生活活动三类。2022年1月，山东省学前教育中心组织开展学前教育优质课评选工作，首次明确了"集体教学活动"和"游戏活动"两种申报形式，再次夯实了游戏活动的重要性。其实，对游戏活动的重视，不仅在这些文件中得到了体现，还有其他更多的文件例如《幼儿园教育指导纲要（试行）》《国务院关于当前发展学前教育的若干意见》都进行了重点强调。

下面我就以三个关键词，跟教师们交流一下游戏案例或者是游戏视频解读的策略——记录、解读、支持。

今天跟教师们交流的主题是"游戏案例撰写与解读策略"，这里还用了一个副标题，"记录、解读、支持"。那么，我们记录什么？解读什么？支持什么？还有就是如何记录？如何解读？如何支持？

我们知道，随着2019年12月山东省游戏实验区的确立，各地游戏活动的开展如火如荼。这是游戏推进的一个里程碑事件，同时，这是对"游戏是幼儿园基本活动"这一刚性要求的深度落实，也是对"把游戏权利回归幼儿"这一精神的最大落地。近几年来，教育部门对幼儿园教师专业性的定位越来越准确，从原来的关注"弹唱跳"等技能，逐渐过渡到现在的"会观察、能读懂"，对教师专业性的要求越来越高，在这种前提之下，教师的专业发展方向需要快速转变，就像南通大学陶金玲教授的一篇文章中所说的，能歌善舞不应成为幼师专业化培养的方向。游戏推进的手段和策略很多，各种形式的教研活动也很多（例如问题教研、现场教研、视频重温等），但是"游戏案例或是游戏视频的解读"，是提升游戏品质、促进教师专业成长最有效的措施之一。但是，这不是游戏解读的固有模式，仅仅对大家起到一个抛砖引玉的作用。

（1）记录

这个问题，是很多教师在观察幼儿游戏时很困惑的一个问题，特别是游戏开展初期或者经验较少的年轻教师，对这个问题的困惑更大，"这么多孩子，活动空间这么大，活动区域这么多，我怎么样才能选取有价值的视频呢？"有价值的游戏视频，它的价值性更多的是体现在对幼儿游戏行为的正确解读上，什么意思呢？就是游戏的价值性不仅仅局限于游戏本身。就像有的教师说，同样的玩沙游戏，为什么有的教师通过长期的观察整理出了像模像样的游戏案例，有的教师却只是带领孩子们玩了沙子而已呢？这是教师们应该去关注的问题，在理解幼儿年龄特点、遵循幼儿发展规律、关注幼儿核心经验的基础上，通过对其行为的解读、认识去支持孩子的发展，并且也为教师的专业成长提供支撑。

对于如何在游戏过程中发现有价值的视频，华爱华教授的建议是先对游戏大场景进行一个"全景扫描"，用教师独特而专业的敏锐性，去嗅到哪个区、哪些孩子会发生故事。这凭借的不是虚无缥缈的第六感，而是我们要在前期做好"准备"，哪些准备呢？

① 对材料与幼儿年龄特点的分析。这一点很好理解，如果材料的投放处于幼儿的最近发展区，幼儿与这些材料或者环境的互动会大大加强，这要求教师及时调整材料，通过加或者减的方式，为幼儿提供适宜的材料。材料是引发幼儿游戏的重要媒介。材料要去功能化、去结构化。

② 对环境与幼儿前期经验的分析。我们知道，游戏是幼儿已有经验的再现，对于幼儿的已有经验，我们不能仅仅局限于"孩子自己亲身经历过的事情"，其实，孩子们现在通过网络及其他渠道获取的信息量也很多，例如一中花园幼儿园孩子们搭建的"龙"，现实生活中没有龙的形象，但是孩子们最后的搭建作品也非常逼真，包括龙爪、鳞片的表现都栩栩如生。

③ 对在上次游戏活动中意犹未尽，仍然保持探究兴趣的幼儿的分析。这要求老师对游戏的观察具有一定的连续性，根据教师对游戏过程的观察还有在分享环节中的推进进行分析。

其实，孩子能否在游戏中发生有价值的故事，与环境创设、材料投放、师幼互动、教师介入等因素紧密关联。

观察也有一定的策略与视角。在《放手游戏，发现儿童》这本书中的"观察和发现"这个章节中，对于观察和发现，提出了三个基本视角：①定区域观察；②定个人或者小组观察；③定材料观察。

（2）解读

就是通过幼儿外显的行为，对幼儿内心进行解读。幼儿行为是幼儿内心反映的密码，正确解读密码，是幼儿园教师的专业所在。对此要把握三个关键点：

一是儿童视角。

说到儿童视角，我们首先要明确儿童是什么。曾经有位专家说过，儿童就是儿童观。儿童观（view on children）是指社会看待和对待儿童的看法或观点，涉及儿童的特性、权力与地位、儿童期的意义以及教育和儿童发展之间的关系等问题。正确的儿童观，一般认为最重要的是尊重、发展儿童的独立自主性，并承认其发展的可能性，使之成为独立的人格，成为能动的主体去认识和变革自然与社会，同时也获得自我认识和自我教育能力的发展。儿童观不正确，对儿童的教育就必然会出现种种问题。

教师们在进行案例解读的时候，怎么体现儿童观？我们可以用反向思维去思考，就是一定要杜绝用"成人视角"去解读儿童。心中要装着孩子，站在孩子的角度，顺着孩子的方向望去的时候，我们才能了解孩子需要什么。有个案例说，有对父母带孩子去游乐园，想着这么热闹的地方，孩子一定喜欢，但是孩子却表现得很焦虑，而且不停地哭闹，家长不知所以，当家长蹲下去，蹲到跟孩子一样的高度的时候才恍然大悟，原来，从孩子的高度望去，满眼都是人们的腿。还有在游戏案例中，有这样一段描述，"孩子们在漫无目的地走来走去"，其实，这就是成人视角。"漫无目的"只是成人眼里的漫无目的，有可能是孩子在思索，有可能在寻找机会，也有可能是游戏后的自我放松。（播放上海公馆幼儿园幼儿反复跳沙坑的视频）上海公馆幼儿园有个孩子在沙坑里，反复地跳来跳去。（互动）请一个教师对这种行为进行简单解读。

还有在一次沙水游戏中，孩子们往小车里装沙子，装的过程中，教师在一边喊："够了，够了。"这也是典型的成人视角。教师一定要放手，让孩子自己去试试。还有一个非常典型的故事《小马过河》也反映了同样的道理。

鄢超云教授曾经对儿童视角做过这样的阐述：不能以成人的视角去看待游戏，因为一些游戏在成人看来是失控的，而对儿童是恰当的；要用儿童视角去发现游戏，因为一些游戏对成人来说是简单的重复，对儿童来说，却是乐趣、挑战。

总之一句话，脱离了儿童视角去解读孩子的游戏行为，就像作文跑题一样，是无效的。

二是链接《3—6岁儿童学习与发展指南》等文本材料，找好依据，不要自说自话。

对孩子游戏行为的解读要有理有据。根据孩子的年龄特点、学习特点、心理发展特点、先期经验等有针对性地进行解读。需要链接的理论依据，除了《3—6岁儿童学习与发展指南》，还有孙瑞雪《捕捉儿童敏感期》、程学琴《放手游戏　发现儿童》、刘焱《儿童游戏通论》、霍力岩编的《游戏与儿童发展》，等等，这些都能为我们解读孩子的游戏行为找到理论支撑。

2022年9月，我在户外看孩子游戏，观察了一个骑小车的游戏，一直跟踪到他们室内游戏表征，发现其表征的时候乱画一气，他俩明明就是玩的小车的游戏，为什么表征出来的却是毫不相干的内容呢？当时有个老师解答了这个问题，她说，入园一个月的孩子，根本就记不住他玩的什么游戏。就像孩子们晚上回家后，家长问，在幼儿园吃的什么啊，孩子们的回答几乎都是"忘了""不知道"，这就是孩子的年龄特点，需要我们去链接《3—6岁儿童学习与发展指南》掌握孩子的年龄特点和学习特点，这样就会对很多现象恍然大悟。

三是透过现象看本质。

很多教师在进行解读的时候，只是分析了表面的东西，例如，仅仅关注了语言发展、动作发展、社会性发展、学习品质等，忽视了兴趣、需要、经验等，所以，教师们总是感觉自己的解读很浅显、很苍白，因此，我们提出了要透过现象看本质，要去解析孩子内心的密码。

例如，一个10个月大的婴儿把手帕反复扔，如果你不停地帮他捡，他就不停地扔。如果让你解读这个现象，你会怎么解读？（互动）其实孩子在练习抓、放、探究地心引力，也在考验亲子关系，孩子可以感觉得到家长的忍耐力有多大。

以上是案例解读的三个关键点。

（3）支持

教师对游戏的支持，我们也用三个关键词来表述：放手、观察和介入。

游戏案例的撰写和解读，只是我们游戏推进的一种途径，我们最终的目的是通过这个途径，促进教师的专业成长，不断推出典型案例，形成游戏分享的持续机制，完善我们的课程体系。

最后，跟大家分享一句蒙台梭利的名言："不要看着我，请看我手指的方向。"

陪孩子玩好"抛接球"

——谈游戏活动中教师介入的策略

老师们，晚上好。

首先感谢日敦社为我们提供的这样一个平台，让我们在结束一天的喧嚣之后，在这样一个深秋的安静的夜晚，一起坐下来，聊关于游戏的话题。我是来自山东寿光文正教育集团的杨玉娟，文正教育集团是一所幼教教育集团，下设七个幼儿园。集团从2015年开始践行自主游戏理念，先后探究了游戏环境创设、材料投放、游戏中教师如何放手、如何观察幼儿的游戏行为、如何解读游戏行为背后蕴含的价值、在游戏中教师如何介入等方面。2019年开始，在王振宇教授及其团队的引领指导下，文正教育集团开始践行"游戏课程化"理念，现在是山东省游戏实验区之一，集团下设的建桥幼儿园是我们潍坊地区唯一一所"省游戏实验园"。

经过这些年的探索我们也总结出了一些浅显的经验。我们经常说，要为孩子的发展提供一个支架，其实，教师的专业发展也同样需要支架。那么这个支架从哪儿来？谁提供？我们集团内有编制的公办教师的占比是19%，教师队伍的流动性还是有的，在这种背景下，教师专业成长的梯级发展是一个亟须实现的目标。所以，我们在"请进来教、走出去学"的基础上，更注重对我们自己探索出来的经验的梳理和提升，我们都知道，游戏环境的创设、游戏材料的投放都可以借鉴复制而来，但是游戏活动中教师的介入是一个因人而异、难以掌握的事情，教师普遍反映这是一件很难的事情，那么，今天我就"游戏活动中教师介入的策略"这个话题，跟老师们做一下交流和讨论。

在对这场讲座准备进入尾声的时候，恰巧看到了北京师范大学刘焱教授的一篇文章，在学前教育杂志社公众号"《指南》十年"专栏中发表的《也谈幼儿园游戏与课程》。在这篇文章里，刘焱教授阐明的观点也更加明确了"游戏中教师的作用不能忽视、不能弱化，不能视而不见"，刘焱教授指出"自然界游戏和幼儿园游戏是有区别的"，幼儿园游戏不再仅仅是自然活动，也是教育活动。指出"自然活动的特点是自发、自在和自足。反对教师对幼儿游戏的任何指导或干预，把儿童游戏神圣化，实质是盲目崇拜儿童的自发性，把儿童神圣化"。同时呼吁教师们既要尊重幼儿游戏的自主性，也要对幼儿的游戏加以适当的指导或干预以促进幼儿的学习和发展。刘焱教授的这些论述，也更加肯定了游戏中，凸显教师专业性的有效介入对游戏的助推作用。

一、教师如何与游戏中的孩子互动？

我们经常说，要给孩子提供有准备的环境，这里所说的环境包括游戏环境、游戏材料和教师。主要有三个层面：一是与环境的互动，二是与材料的互动，三是师幼互动、幼幼互动。

（1）环境是无声的教材，游戏环境遍布幼儿园的角角落落，活动室、功能室、小阳台、大院子都是幼儿的游戏场。步社民教授曾说，我们的口号是培养完整儿童，而我们的保教行为却可能在分割儿童。所以，在游戏环境打造方面，我们着力为孩子打造生态自然的游戏环境，对游戏区功能不做严格划分，让孩子回归完整生活。

我们在游戏环境创设方面的原则是：让环境能够与幼儿对话。在这个指导思想下，我们的做法是：降低环境观赏性，提高孩子参与度；打破各区界限，区域不以功能命名，而是以场地特征命名，区域功能由幼儿决定，把空间留给孩子，把原来相对封闭的空间实现开放。并且为了给幼儿提供不同的体验，我们根据园所的户外地型，为幼儿提供多特征的环境，除了硬地、软地、草地、沙水池等，还为孩子创设山坡、沟壑、水塘等环境，让多特征的环境触发孩子更多的游戏。

游戏环境的创设不是教师的个人行为，孩子也是游戏环境的创设者和使用者。例如在2020年冬天，我们东郭幼儿园的孩子们就自创了冰场，玩得不亦乐乎。

接下来我将举例说明"冰雪奇缘"游戏中的冰场环境创设。孩子们建冰场的那几天，正逢山东省第四期齐鲁名师建设工程会议在寿光召开，参会的教师们参观了孩子们的游戏后，给予了高度评价。孩子自建的冰场环境与现成的滑冰场带给孩子的体验是不一样的。比如孩子们经历了发现冰块—围建冰场—冰球大战—冰上碰碰车—制作冰花—制作冰砖—制作冰雕等环节，这些环节给孩子们带来了新奇的体验。

（2）关于材料的投放，第一部分的"做管家，提供保障"中已经提到过。这里需要重申的是，例如建构区，尽量做到数量充足，不要让孩子因为找不到材料而终止游戏，但是种类不要太多；表演区的材料建议刚刚好就行，不要让选择材料代替了表演。另外，在材料的投放中，还有一个指导思想就是，高结构的材料并不是完全不能投放，可以实现高结构的材料低结构地玩，高结构的材料进行移动组合后，也能充分发挥材料的低结构功能。

在游戏材料方面，除了材料的投放之外，还需要关注的一点是"把游戏情境的创设视为游戏的重要组成部分"。这是支持幼儿游戏、支持幼儿在游戏中学习的一种重要理念，并不是教师把所有的材料全部都准备好了，才算是游戏的开始。例如让孩子们玩"小吃一条街"的游戏时，如果教师为孩子们准备好了琳琅满目的小吃店，并投放了大量的成品和半成品材料，孩子们能够做的只有"欢迎光临""下次再来"等简单的对话，这样就剥夺了孩子自主创设情境和自主选择材料的权利，所以，不能让教师们所谓的"好心好意"和"辛辛苦苦"剥夺幼儿学习和发展的机会。作为教师，我们需要做的是抛出主题，让孩子根据自己的生活经验进行选择，他们有权力决定开什么样的小吃店，自己准备小吃店的材料，自己制定小吃店的规则，真正把游戏的权利还给孩子。

二、如何在游戏中找到支持儿童发展的契机，让孩子的游戏一直进行？

所谓契机，就是生长点。游戏课程化中的生长点，是指围绕着五大领域的教育内容生发出来的教育活动。游戏课程化在最后又回到游戏中去，就发展的总趋势而言，这时的游戏已经不是初期游戏的简单重复，而是在更高层面上的发展和提升，也就是我们所说的新经验的建构。生长点的生成有两种主要途径，包括自主游戏中幼儿自己生成和工具性游戏中教师生成两种情况。但我们更应该主张师幼互动。师幼互动更能凸显幼儿教育的本质。（注：自主游戏是儿童在海里自由玩水，而工具性游戏是儿童在游泳池里学习游泳。儿童在游泳池里学会了游泳，就能在大海中更加自由地玩水。儿童在游泳池里跟着教练学习游泳的过程，就可以看作游戏课程化的过程。）

生长点这么重要，教师们如何在游戏活动中发现生长点呢？接下来用一个案例进行说明，例如建桥幼儿园李昭仪老师观察到这样一个现象：一帮小班孩子在一个区域中争抢一只小象，好长时间没有结果。这时候教师介入了，说："你们既然都这么喜欢这只小象，为什么不帮它建一个新家呢？"于是所有孩子立即停止了争抢，去建房子了。这就是一个典型的教师有效介入的案例。如果教师没有及时发现这个生长点，小班这个年龄段的孩子们争抢一个自己喜欢的玩具结果会是什么？只能是不断吵架，继而引发战争。这个游戏也充分展示出了生长点的魅力，生长点就在孩子们的活动中，就在孩子们的想法里，就在教师与小朋友的交流中。

说到生长点的捕捉，很多教师会感到困惑，怎样在游戏中捕捉生长点呢？王振宇教授曾说过，生长点的把握没有一个固定的模式和定义，如果生长点的把握有固定的模式，游戏就不是活游戏了。要想成为高素质教师，必须在实践中修炼，教师之间以案例的方式多进行交流，A老师没发现，也许B老师发现了，慢慢地教师们就会解开困惑。

三、有效介入的几种形式和策略

（一）现场介入

这是教师介入最常见、最普遍的一种形式，也是师幼之间"抛接球"游戏的典型体现。例如在上海公馆幼儿园郝玉丽老师观察到的"滚筒上的江湖"这个游戏中，幼儿从独自玩滚筒到两人交换玩滚筒时，反复失败，在幼儿准备放弃的时候，教师进行了现场介入："为什么你们交换滚筒没有成功？"引导孩子学会发现问题。发现问题后，再次进行介入："用什么方法交换可能会成功呢？"引导孩子学会解决问题。其实，小小的游戏场就是大社会的缩小版，孩子们在游戏中解决的都是真问题，也培养了孩子遇到问题坚持、不畏缩的良好品质。一个将要被孩子放弃的游戏，在教师的介入下，让孩子玩得花样百出、精彩绝伦。

（二）退后介入

利用游戏结束后的分享环节进行介入。这样的介入形式，一是避免了现场游戏中介入对幼儿的打扰，二是利用分享环节进行介入，可以把一个孩子的经验，转换成全体孩子的经验，是一种不可缺少的介入方式。

例如在"鳄鱼来了"这个搭建游戏中，孩子们大体经历鳄鱼爸爸—保护鳄鱼蛋—威猛鳄鱼—鳄鱼王来了，傲然耸立鳄鱼身—移花接木鳄鱼头五个阶段。特别在"移花接木鳄鱼头"这个搭建环节，鳄鱼头的高度已经到了三米左右，孩子们面对着高度、体力、时间等挑战，教师选择了退后介入，即利用游戏分享的环节来进行。建构游戏中，孩子们会频繁用到杠杆、平衡、数量等技能经验，但是，这些抽象的技能和道理，不但需要孩子进行大量的感知、体验，也需要教师利用游戏分享环节进行梳理、总结、提升，帮助孩子建构新经验，为后续学习储备经验。

在孩子们10次撬动黄筒的过程中，一旁的教师也经历了数次"煎熬"："我应该介入吗……孩子自己能解决吗……这时是我介入的时机吗……再等等看、再等等看！"这一等，就看到了孩子们在困难中不断迸发的智慧的火花，他们不断地遇到问题—调整策略—解决问题，用行动来实施他们的假设、猜想、思考，在孩子们的试错和自我纠错过程中，我们看到了在游戏中小步递进的自我发展。当孩子们团结协作成功将黄筒立起来的那一刻，教师们内心真的激动无比，感慨于孩子的智慧和坚持，不得不相信孩子们真的是有能力的学习者；也庆幸自己的等一等，让孩子自主解决问题的成就感倍增。

游戏后的复盘环节，教师及时组织凡凡、灏灏、心心、小宇分享了自己的成功经验，教师也通过有层次的对话激发孩子的思考，帮助孩子掌握了关于"杠杆"的朴素理论。教师的这种延后介入，能够引发儿童之间的经验共享，让一组孩子的好奇心变成了一群孩子的好奇心。在后续的游戏中，多组孩子迁移此处的"杠杆"经验，在大器械区里用木板撬动安吉木箱，在沙池区里用木棍撬动水缸等，他们在实际操作中灵活运用，又有了新的感知体验。

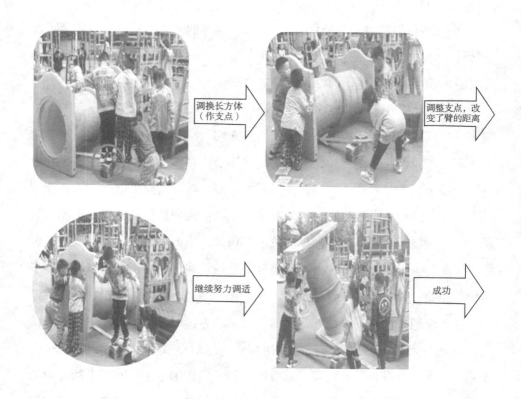

调换长方体（作支点）

调整支点，改变了臂的距离

继续努力调适

成功

在分享环节，教师回放游戏视频，让游戏中的幼儿找到问题所在，并组织全体孩子进行"锦囊支招"，不但解决了问题，还激发了其他孩子参与这个游戏的兴趣，继而生发出了更多游戏。教师在观察时，不要着急介入，要充分尊重孩子的游戏意愿，给予孩子足够的探索空间，有时教师的"不作为"也是一种退后教育，是另一种形式的教育支持。

总之，在这个案例中，孩子的探索兴趣一直很高，而且在不停地遇到问题——解决问题，没有出现游离和放弃的迹象，这种情况下如果教师介入了，就很有可能对孩子的游戏造成打断和打扰。

（三）隐性介入

王振宇教授曾说："我们说游戏是幼儿园教育的基本活动，并不是说教师可以退到儿童游戏的外围，让儿童'自嗨'，而是对教师提出了更高的要求。"

隐性介入主要表现为两种形式：一是我们知道，孩子之间的相互学习是幼儿学习的重要方式，我们可以弱化教师的显性介入，让能力强的幼儿作为介入的媒介，实现幼幼互动。例如幼儿园新投放了洞洞积木，在探索阶段，孩子们的能力表现得参差不齐，能力强的幼儿自然就成为其他孩子的示范，这个时候是不需要教师出手的，这就是来自孩子之间的隐性支持。二是体现在环境材料对幼儿的隐性支持上。我们可以根据幼儿游戏的情况，随时调整环境材料，通过增、减的形式不动声色地及时调整游戏材料，隐性支持幼儿游戏。例如在沙水区里，教师们移动已有材料的位置，或投放新材料，引发

第三篇　讲座学习

了更多游戏的奇思妙想——用新投放的积木搭建烤箱、用烤箱烤蛋糕、蛋糕进入蛋糕店……在新投放的水缸里和水泥，探索水和沙的比例……

（四）不介入

在游戏过程中，教师的教育支持虽然很重要，但是有时候不介入也是一种支持。记得在某次游戏活动中，一个小女孩儿对老师说过这样一句话，"你不管我，我就发展了"，这句话给予了我们很深的启发。小女孩口中的"管"，其实就是如何介入和放手的问题，我们需要深刻地思考一个问题：什么是真正的放手？所谓的不介入并不是整个游戏过程中都不介入，而是引导教师们做到"最大限度地放手和最小限度地介入"。

（播放"寻找平衡"游戏视频）

例如在"寻找平衡"这个游戏中，孩子们历经了五次调整和尝试。第一次尝试：初次感知木板间的关系。通过尝试，孩子们对于平衡有了自己的想法和规划。第二次尝试：探究长木板两端的重量。孩子们有意识地去比较长木板上的两端木板，懂得去关注两边木板是否一样。第三次尝试：调整长木板与支点的距离。孩子们开始关注长木板与树墩支点的距离，对平衡有初步的认识。第四次尝试：重新调整长木板两端的重量。孩子们从多方面考虑问题，通过思考与猜测，配合实施和调整的能力，寻找解决问题的方法。第五次尝试：喜得成功之果。在孩子们坚持不懈的探索中，木板实现平衡。

对于幼儿来说，孩子们利用木板和支点玩跷跷板及平衡木的游戏，并不需要明白平衡的道理，只要孩子现在有了探索的体验，以后学习这个内容的时候，这些体验就成了他理解抽象知识的基础。经验可能是说不出来的，但是在头脑中是永久存在的。对于幼儿的学习，我们不能急功近利，不能以"记住"作为标准，而是要为孩子的终身学习和后继学习奠定基础，所以，作为教师和幼儿园，我们需要做的是为孩子提供适宜的材料和丰富的环境，这是孩子探索世界的物质基础。

对于教师来说，这对教师的耐心是极大的挑战，一般情况下，教师帮一把是再正常不过的事情，但是在这个游戏中，教师选择了放手，没有急着介入，最后让孩子通过自己的经验不断建构，体验到了成功的喜悦。华爱华教授对这个游戏给予了高度评价："这个关于平衡的探究案例真好，孩子们从两边重量的探究开始，最后发现与力矩的关系，改变了支点，获得了成功。这也体现了教师真放手（不介入）的魅力！"

游戏中的介入，是以儿童需要为前提的。介入这个能力也不是一蹴而就的，需要教师与幼儿多"交手"，掌握幼儿的年龄特点、学习特点等，多总结经验，不能一概而论，例如孩子有不安全状况、出现兴趣转移和游离、有学习契机出现等情况，教师必须要进行介入。我们要根据不同的游戏背景和状况，适时适宜地进行介入。就像山东宁阳的张瑞泉园长说的那样，如果你不知道是否需要介入，不妨介入一次试一试，是的，我们要求教师放手孩子的游戏，那么管理层也要懂得放手教师的发展。游戏中的教师要做到既不缺位，又不越位；教育支持很重要，但不能破坏孩子们的自主建构。

总之，游戏活动的不可复制性，给教师的专业性发展带来了更大的挑战，正是这种挑战，激励教师成为游戏活动组织的"高手"，在与孩子"高手过招"的过程中，体验专业成长的乐趣和职业幸福感！也只有乘上这辆"游戏号"列车，幼儿教师才能踏上专业成长的快车道，从而助推幼儿在复杂的、高水平的、高质量的游戏中获得长足发展。

步社民教授曾说："游戏和课程想做好是没有底的，只有更好，没有最好。"是的，其实，我们不论学什么、跟谁学，学的是一种理念，学的是一种方向，而不是单纯学习别人的经验和做法。你学来了理念，才有可能走上超车道，去超越别人，如果只学别人的做法与经验，永远跟在别人的屁股后边跑，那你永远都是"吃土"的状态。希望教师们能在与孩子互动的路上，玩出精彩的"抛接球"。让幼儿在更复杂、更高水平、更高质量的游戏中快乐成长。

最后，用一句话结束今天的分享，与大家共勉：

不要看着我，请看我手指的方向！

——蒙台梭利

感谢聆听！

在"活游戏"中"看见"儿童

尊敬的各位幼教同人，大家下午好！

我是来自寿光文正教育集团的杨玉娟，很高兴在美丽的岛城——青岛跟大家一起学习。有句话说"培训是最大的福利"，所以今天在座的各位都是这个福利的受惠者。上周我去杭州参加"全国第六届学前教育年会"的时候，东北师大的缴润凯教授说过，幼儿园建设的核心有两个，一是文化建设，二是教师队伍建设。一个重视教师队伍建设的领导和团队是最明智的，一个善于不断学习、不断反思的教师是最幸福的。所以，今天我们应该怀着一颗感恩的心，通过不断学习去更新自己的教育理念，匡正自己的教学行为，更好地服务于我们的孩子们。

首先，我对题目中的两个关键词做一下解读："活游戏"和"看见"。活游戏就是自主游戏，这是在我们文正教育集团整体游戏活动推进背景下的一个概念，也是我们打造"文正"教育品牌的一个路径，请教师们不要有概念上的混淆。说到"看见"，我想大家是不是想到了一本书，那就是柴静2013年出版的《看见》。我们文正教育集团的园训是"读懂每一个孩子"，所以，我想表达的意思是，只有走近，才能看见；只有看见，才能读懂；只有读懂，才能正确地解读孩子并给予孩子正确的回应和支持。（在这里，也推荐教师们阅读一下这本书，文字风格非常有智慧，而且是很有灵魂、很有情怀的一本书，读过之后，我们对究竟做一个什么样的人，才会有更透彻的领悟。）

今天，我们一起聊一聊关于"游戏"的话题，我主要从以下三个方面来谈谈我的想法。

（1）瓶颈亟待突破，坚定走游戏之路；

（2）创新始于责任，坚定走"活游戏"之路；

（3）使命赋予情怀，坚定走质量之路。

那么，什么是"游戏"？我们暂且不去讨论"游戏"的定义或者概念，当你听到"游戏"这两个字的时候，你的脑海中浮现出的游戏场景是什么？（互动，让一个教师描述游戏场景）重点点评以下环节：

教师：是否存在教师高控现象？是否做到了真正放手？

孩子：游戏是否是孩子发起的？孩子是否自主？

材料：是否科学、适宜？

组织：活动前是否有经验铺垫？游戏中如何观察、是否存在有效的师幼互动？游戏后是否有进行材料整理和经验分享及建构？

曾经有这样一个问题："上课"和"组织游戏"哪个更容易？大部分教师的回答是"上课"，而认为"组织游戏"比较难。但我们不能因难而放弃，我们需要的是知难而上的勇气和力量！在这种背景下，文正教育集团的游戏推进历经三个阶段。

一、瓶颈亟待突破——坚定走游戏之路

（1）游戏很重要，但还没做好。游戏，对于我们来说是一个再熟悉不过的话题，我们都知道，"以游戏为基本活动"，这八个字先后多次在学前教育多个纲领性文件（《幼儿园教育指导纲要（试行）》《国务院关于当前发展学前教育的若干意见》）中被一字不差地提出，充分说明了两个问题：一是其很重要，二是还没做好。

（2）游戏现状急需改进。一是成人控制游戏，游戏不真；二是儿童的游戏缺乏支持，游戏自流；三是游戏时间不足、游戏缺乏监管，孩子游戏还是游戏孩子模糊不清。

（3）游戏是孩子实现深度学习的重要途径。

（4）开展高质量、有水平的游戏是幼儿园、教师和幼儿的共同需求。

基于以上背景，文正教育集团从促进孩子发展的角度出发，自2015年开

始，全面推进游戏的实施。

二、创新始于责任——坚定走"活游戏"之路

我们都知道创新是一个民族不断进步的动力，其实，对于教育发展，创新同样重要。在自主游戏的探索过程中，我们有感于游戏来源于孩子们的生活体验，孩子们的游戏是自主的，是基于自己的发现与创造的、是活的；在游戏推进和游戏组织过程中，领导与教师们的思维也是活的。所以，6月26日，《山东教育》幼教版主编高长明主任带领记者到文正教育集团观摩游戏活动，并且进行了深度采访，形成了将近一万字的长篇报道《只为生命的觉醒》，在这篇报道里面，我们正式提出了"活游戏"的概念。文正教育集团的"活游戏"，目标准确，方向正确，正在向着更深、更高层次发展！

那么什么是"活游戏"呢？

说到"活游戏"，我们首先应该明确什么是"活教育"。

活教育就是"不是死的教育"。书本主义的教育就是死的教育。我们要活的教育，教材是活的，方法是活的，课本也是活的。我们一起为儿童谋福利。尽量利用儿童的手、脑、口、耳、眼睛，打破只用耳朵听、眼睛看，而不用口说话、不用脑子想事的教育。

> 要教育好儿童，要使我们的教育是活的，不是死的，必定要懂得儿童心理。引证中国大教育家陶行知先生描写中国现在教育的情形时的两句警语：教死书，死教书，教书死；读死书，死读书，读书死。我们把它改为：教活书，活教书，教书活；读活书，活读书，读书活。
>
> ——陈鹤琴

"活游戏"就是儿童自己掌握游戏的权利，开展自由、自主、自觉的游戏。"活游戏"这个概念，不是我们标新立异，而是意图让教师们的心中时时刻刻装着这个"活"字，用"活"去解放教师们的教育行为。

我们厘清了"活游戏"的概念，再来讲"为什么做""怎样做""做到了什么"。

（一）为什么做？

游戏是天性。（链接狗狗弹钢琴的短视频，对视频中狗狗和儿童的行为进行简单解读）儿童的本性是需要游戏的，儿童爱好游戏，对儿童来说，游戏是天性，是一种与生俱来的能力和追求。现代脑科学指出，游戏与睡眠、食物、性一样重要，都是人类天性的需要。游戏在大脑中有专门的回路，游戏为神经结构编制新的程序，而越来越复杂的神经结构又促进新的游戏产生。所以，游戏的数量、质量与大脑的发育程度密切相关。

游戏是学习。（链接文达幼儿园平衡木的视频）事实上，儿童的大部分学习都发生在游戏过程中。对儿童来说，游戏就是一个不断假设、不断验证，从而实现深度学习的过程。

游戏是权利。（插入孩子玩各种游戏的经典照片，例如沙池、滑索等等）游戏是儿童的权利，是儿童应该做的事。我们必须从"尊重儿童就是尊重人类本身"的高度出发，还给孩子游戏的权利。

《2019年教育部学前教育宣传片》中，作为联合国基金会大使的马伊琍也说"游戏是幼儿的天性，是幼儿的生活，是幼儿的学习方式"，这充分说明了游戏在一个人生长历程中的重要性。

（二）怎样做？

1. 专家引领，让理念更新

文正教育集团曾邀请王振宇、华爱华、易凌云、董旭花等专家走进幼儿园指导游戏活动，教授们从理念、教师观察等方面分别进行了实地指导，使孩子们的游戏水平和教师的专业发展均有了质的提升，文正"活游戏"得以深入推进。

2. 教师行动，让理念落地

华爱华教授对于集团游戏的推进给予了充分的肯定和鼓励，也给我们指明了下一步的方向和目标，就是让教师放手和投放科学、适宜的材料。游戏环境和材料对孩子的成长，有着重要的意义和价值，我们着力为孩子打造生态自然的游戏环境和投放种类丰富、数量充足的低结构游戏材料，对游戏区功能不做严格划分，让孩子回归完整生活；游戏材料实行"分类存放，跨区使用"，让孩子选择材料时更加自主。材料最主要的价值是引发游戏，玩法不固定的材料更能激发孩子的创造性。

透过滑梯可以看出游戏的质量，如果滑梯备受孩子宠爱的话，说明了我们的游戏是不受孩子欢迎的，那么幼儿园和游乐场的区别在哪里呢？周念丽教授说过一句话，在游乐场是花钱找乐子，在幼儿园是花钱找教育。在我们集团所有幼儿园中，有一个共同的现象，就是每到户外游戏时间，大型滑梯总是无人问津。除了小班孩子上学期刚入园那段时间，其他时候几乎是闲置的，所以，我们对滑梯等不再具有挑战性的固定器材进行了拆卸与改造，有的幼儿园又重新进行了组合，让大型滑梯变成再组合的玩具。（链接文轩滑梯拆卸视频、文尚滑梯重新组合视频）将拆卸的器材作为可移动的辅助材料，由孩子自由支配、自主创造玩法，给孩子们的游戏增添了新的刺激和挑战。华爱华教授曾让我们思考一个问题，"我们给孩子的挑战和孩子们不断创造的自我挑战之间的比较"，所以，为孩子投放科学、适量的游戏材料，至关重要！

3. 幼儿自主，让活游戏回归

首先，孩子们在游戏时，玩什么、怎么玩、用什么工具玩，都应由孩子自己决定、取放、整理，整个游戏过程都放手交给孩子。

在"活游戏"推进过程中，教师会越来越专业，对游戏的观察和指导会更轻松，但是，我们也珍视教师在发展过程中走的所谓的弯路，这也是教师进行自我修正的宝贵经历。例如，在一次木工坊活动中，有一个小男孩儿，想用小锯子（锯齿很细）锯断一块木头，来回锯了好长时间也没能锯断，这时候，旁边有个实习生看不下去了，于是为这个孩子找来了更大的锯子，小男孩儿犹豫地接过锯子，来回锯了两下，（老师们猜接下来发生了什么？）小男孩儿又换回了原来的锯子。这个现象说明了以下几个问题：一是我们不能把大人的经验强加给孩子，二是教师存在心急现象，三是剥夺了小男孩儿解决问题的机会，四是教师的介入属于无效介入。同时，这个现象也告诉我们：一是不能用成人的视角去看幼儿游戏，因为一些游戏在成人看来是失控的，而对儿童来说是恰当的；二是要用儿童的视角去发现游戏，因为一些游戏对成人来说是简单重复，对儿童来说却是乐趣和挑战。（举例说明：安吉案例，小男孩不敢跳下来的案例）活动结束后，我们跟教师进行了沟通，教师也立刻认识到自己的心急，其实，有时候，教师的成长和孩子的成长轨迹是相同的，我们明白孩子自我建构经验的重要性，同样，我们也要给教师这样的机会，让他们试错比单纯说教的作用更大，即使有时候有闪失，但是不会给孩子造成伤害。其实，说到放手，真的不容易，我个人就不太会放手，所以很多教师调侃我"你看你那颗老母亲的心啊"。

再次，教师通过游戏教研、案例分析、专家远程点评等措施，在观察、解读、支持、回应幼儿过程中进行研究探索，为开展"活游戏"提供支持。集团在辩证吸纳中，形成了自己的独到见解，提出了在幼儿园实现"活游戏"的四要素，即适宜的材料、深度的观察、严格的规则、深入的分析。从四个维度引领教师把"活游戏"还给孩子，让文正的孩子感受到"活游戏"的魅力。以下是对"游戏四要素"的解读。

① 适宜的材料：多为孩子提供低结构、可移动、可组合的材料，在这个总要求下，根据各区域的不同，灵活准备。例如建构区，尽量做到数量充足，种类不要太多。表演区的材料建议刚刚好。（插入建构区的材料图片、用同一种材料搭建完成的作品等）

② 深度的观察：教师在游戏过程中，要做到彻底放手，然而现状是教师参与的多，观察不多，协助的多。建议教师们不要把时间浪费在看孩子上，要把更多的时间放在观察孩子游戏上。重点关注以下几个问题：当教师不协助的时候，孩子能够怎样玩？他们是怎样解决遇到的问题的？相互之间是怎么合作的？在孩子的游戏中，老师看到了什么？"没有教师的时候，孩子是怎样解决遇到的问题的？"在安吉游戏中，只要没有危险因素出现，教师是不会出手的。（插入教师观察幼儿游戏的照片）

③ 严格的规则：我们倡导"活游戏"，"活"不是无规则。集团校长吉孟国也提出"活不是无秩序""放手不是放纵"等观点，华爱华教授说过

"游戏结束后的材料整理也是课程的重要部分"，所以，在游戏结束后，我们应给予孩子充分的整理时间，让孩子把游戏材料回归原位。（链接从满地材料到快速干净的小视频）

④ 深入的分析：（插入游戏分享的照片）游戏后的分享环节是帮助孩子建构新经验的重要环节，在这个环节中，通过孩子的分享、教师的解读、推进和回应，使孩子的游戏水平得到了螺旋式的上升。为什么说是螺旋式上升呢，这个问题在后面的"游戏课程化"中会讲到。

（三）做到了什么？

1. 让活游戏解放幼儿园——找到了方向

我不知道东营的幼儿园现在做"六一"活动，都是用什么样的方式。几年前，说到幼儿园举行的各种庆祝活动，总与"一台戏"联系在一起，仿佛没有了各种表演，就感觉不是幼儿园了，但是，我们静下心来思考一下，从春节过后就开始准备的那一台子戏，除了浪费了时间、付出了精力，孩子苦、教师累，这种强度训练、机械练习、违背幼儿成长规律的活动给教师和孩子带来了什么？现在"活游戏"成了幼儿园的常规活动，我们通过"游戏开放周"等活动，让家长走进幼儿园，亲身感受游戏带给孩子的快乐和成长，实现了"幼儿园的价值发展""教师的价值成长""孩子的价值生长"。

2. 让活游戏解放儿童——找到了游戏精神

记得上次《山东教育》节目组采访文尚幼儿园的时候，班春霞园长回想起她刚到这个幼儿园时候孩子们游戏的情况，她哭了。她说"当时，很多人说她的孩子们不会游戏，拿起材料建构时，总是偷偷地看教师"，但是，现在孩子们从不会玩、不敢玩到玩得精彩，这就是游戏精神的培养。

　　游戏不仅是一种具体行为、动作，更是一种态度、生活方式和精神。我们需要关注的游戏不仅是儿童的具体行为、活动，更重要的是儿童对游戏的认识、体验。某种意义上，游戏的态度、精神比具体的游戏活动还重要。很多人都会游戏，但不一定会有游戏态度。

　　　　　　　　　　　　　　　　　　　　——王振宇

3.让活游戏解放教师——体验了职业幸福

开展"活游戏",把教师从繁重的案头工作中解放出来,教师可以专心观察孩子,真正做到专业的人做专业的事,找到职业归属感,与孩子一起体验成长的快乐。

2019年5月,"千呼万唤始出来"优秀游戏案例在"全国儿童发展与游戏精神第四次论坛"中参展,《看见孩子》游戏专题片在大会上进行了展播,并作为论坛活动的宝贵资源留存,受到了来自全国各地幼教同行的关注和认可。在推进游戏中,教师大胆放手、用心观察、有效支持等做法,得到了专家的认可与鼓舞(华爱华、王振宇教授交流截屏)。

三、使命赋予情怀——坚定走质量之路

全国范围内,"不忘初心,牢记使命"主题教育深入人心。那么,我们幼教人的初心和使命又是什么呢?做好"游戏",是我们每一个幼教人的"初心",而我们的"使命"就是让游戏更加高水平、高质量。

当时间行进到2018年11月的时候,我们问了自己一个问题,那就是:我们放手了游戏,改变了儿童观;我们看懂了游戏,改变了教育观;我们的课程观也已经觉醒,但是我们的课程在哪里?对于一群心里时刻装着孩子的人,上天总是眷顾的,就在我们努力思索探究的时候,由《中国教育报》常晶主任提供帮助,在我们的共同策划下,《文正教育集团品牌提升定制化培训方案》正式实施。当看到方案中一个个如雷贯耳的名字的时候,如华爱华、王振宇等,我们觉得,文正教育集团的春天真正到来了。

世界上最幸福的事是:你说的,我正好懂。王振宇教授来到集团后,首先到各园观摩游戏活动的开展,当来到文轩幼儿园看到"折叠桌子"和"做泥砖"这两个游戏时,他激动地说,这就是课程。是的,游戏就是课程,课程来源于游戏和生活。当看完游戏现场后,王振宇教授说"你们正在做的就是游戏课程化",并对集团推动游戏活动的力度和孩子的游戏水平给予了高度评价。

那么什么是"游戏课程化"?"游戏课程化"为我们解决了什么?

（一）什么是游戏课程化

（链接文轩幼儿园做泥砖的视频）

游戏课程化，是从幼儿的游戏出发，及时把握幼儿学习的生长点，通过引导和建构新的游戏，促进幼儿学习与发展。可见，游戏课程化是一个通过游戏的力量促进幼儿学习与发展的游戏链，其出发点是幼儿的游戏，包括幼儿的自主游戏和工具性游戏。游戏课程化，用一句通俗的话解释就是"从一个游戏到另一个新游戏，让游戏一直有戏"，即：P to P，"From a Play to a new Play"（游戏—生长点—新游戏……）

说到"游戏课程化"，首先要了解几个关键词：

（1）自主性游戏和工具性游戏：（链接自主性游戏和工具性游戏的分类图表）形象地说，自主性游戏是儿童在海里自由玩水，而工具性游戏是儿童在游泳池里学习游泳。儿童在游泳池里学会了游泳，就能在大海中更加自由地玩水。儿童在游泳池里跟着教练学习游泳的过程，就可以看作教学游戏化的过程。

（2）"to"就是生长点，是游戏课程化的关键。

游戏课程化中的to，主要是指游戏过程中教师与幼儿互动中产生的生长点，当然也包括自主游戏中幼儿自己生成和工具性游戏中教师的生成两种单纯的情况。但我们更应该主张师幼互动。师幼互动更能凸显幼儿教育的本质。

——王振宇

关于师幼互动，在《幼儿园教育指导纲要（试行）》中有专门的章节介绍，老师们可以自己去读。瑞吉欧曾经对师幼互动作了一个很形象的比喻，"就像打乒乓球，教师要接住孩子抛过来的球"，师幼互动就是高手过招，教师们一定要尽快成长为高手。

教师为什么要成为高手呢？曹中平教授曾经说过这样一句话："根据我的观察，成人的经验往往会成为游戏过程的障碍，包括功能固着与定式，甚至庸俗。"

生长点这么重要，教师们如何在游戏活动中发现生长点呢？关于生长点，还有一句话是："所谓生长点，是指围绕着五大领域的教育内容生发出来的教育活动。"同样有一个案例：在烤串区域中，一个小班孩子杂乱无章地穿了一根串，这时，中班的一个孩子过来说，你穿的太难看了，然后按照ABAB的模式，体现了五大领域中的按规律排序，重新穿了一根串。当然，教师也可以在此生发点上暗推幼儿生发更丰富的活动。但是要允许教师有发现捕捉早晚的差异。其实，"to"非常重要，生发的是各大领域、各种形式的综合活动。

（二）游戏课程化为我们解决了什么？

（1）解决了游戏和课程双核变单核的问题。

游戏本身就是课程。课程游戏化中的游戏只是一种手段而已，游戏和课程之间是孤立的、割裂的，是"两张皮"。而游戏课程化实现了游戏既是手段，又是目的的统一，真正阐述了游戏就是课程、课程来自游戏和生活的理念。

（2）是根治幼儿园教育小学化倾向的有效手段。只有实现游戏课程化，才能彻底改变在幼儿园教学中强调统一目标、统一要求、统一进度、统一标准、全然不顾幼儿发展个别差异和认知规律的现象，才能改变用同一种教材教授不同的孩子的现状。

（3）是区别幼儿园游戏与游乐场游戏的根本标志。

（4）让幼儿重新回归教学中心。杜威指出："教育的最大弊端，是把学科看作教育的中心。"他还指出要把教育的中心搬一个家，从学科上面搬到儿童上面。一个由教师设计、教师主导、教师实施和教师评价并由幼儿参与、幼儿接受的教学过程，这样的课程传统即便游戏化了，幼儿也不是课程的中心，中心依然是教师。

（5）让幼儿游戏水平得以螺旋式上升。我们都知道，幼儿游戏是对当前生活经验的反映，幼儿在游戏中出现生长点、生成新游戏后，经验提升，新经验又促成新游戏产生，所以说，游戏课程化是让幼儿游戏水平螺旋式上升

的有效途径。（插入螺旋图）

很多教师可能接受过无数的培训，参加过无数次的学习，有的教师也深深地纠结过这样一个问题：我们到底应该学什么？应该如何取舍？也有的教师说，今天让我们学游戏，明天让我们学主题教学，最后学成了"四不像"，让教师们无从下手。其实，我们无须纠结这样的问题，因为对于孩子来说，没有哪种能力是游戏不能培养起来的。如果有，那就继续游戏。而且，游戏是唯一一项没有任何争议的活动。集团校长吉孟国说过，"我们即使不能为孩子们做很多，至少教会他们不能犯罪"。马云也说过："教育最大的挑战，不是传播知识，而是培养人在成长过程中沉稳应对未来不确定性的能力。"游戏能够给予孩子这种能力！

分享一句话，与教师们共勉：世界上最短的距离是从手到嘴，最远的距离是从说到做。我们理解了、明白了、知道了，但是与"做好"之间还隔着一个太平洋。所以，从现在开始，我们要付诸行动，让自己的所学所思落地，与孩子一起快乐游戏！

感谢大家聆听！

赴成都学习感悟

成都是国家历史文化名城，古蜀文明发祥地，中国十大古都之一，其深厚的历史文化底蕴所留存的宝贵文化财富是令人惊叹的。

在优秀文化的滋养下，成都的幼儿教育水平也一直名列前茅，具有特色的名园更是让人心向往之，这些名园多年所积累的教学经验、教育理念、先进的教学模式，都是我们应该学习与吸收的。

本次跟岗学习，一共有五所幼儿园进行开放，分别是成都市第十六幼儿园、锦西幼儿园、第九幼儿园、泡桐树幼儿园、第五幼儿园。五所幼儿园在幼儿园顶层设计、教学模式、教学经验、园所特色等方面均给予了我们深刻的启迪，引发了我们深刻的思考。

一、学习与共鸣

（一）幼儿园的顶层设计

作为一名学习者，最佳的学习状态就是怀有一颗谦卑之心，去体验、去感悟。走进成都的各个幼儿园，我们惊喜地发现，每个幼儿园最注重、花大力气去关注和实践的第一件事情就是幼儿园的顶层设计。例如十六幼致力于打造"生命绽放的童年院子"，在这个总目标的引领下，幼儿园以"让孩子在游戏中玩出智慧、玩出自我、玩出自信、玩出创造，成为'会玩、勇敢、自信、快乐'的儿童"为目标，形成了"在玩中发展孩子"的鲜明的办园特色。十六幼的课程目标是"培养自信而有能力的学习者"，与我们集团的培养目标高度吻合。

锦西幼儿园以"生命乐园，多彩锦西"为办园理念，是五所幼儿园中顶层设计最为突出的一所。锦西在打造环境方面有句口号，就是"打造锦西气质的校园文化标识"，幼儿园巧用四原色（绿橘红蓝）；善建锦西象征物，设计了自己的Logo；妙想锦西吉祥物，锦锦和西西；此外，还有锦西树、锦西号（大型木质轮船，功能很多，便于孩子游戏）、锦西赋（专家撰写）、锦西石、锦西教师、锦西园服。连孩子的毕业证书上、礼品雨伞上、孩子吃饭用的勺子筷子上都有吉祥物的标识并使用了四原色，把园所理念和文化都进行了物化，让人从进入锦西园的那一刻起，就无时无刻不提醒你在美丽的锦西园中，这种独具特色的标识性的设计充斥在幼儿园的每个角落，让幼儿园的特色更加鲜明，使其更容易成为一个地方或者一个行业的代表。

第九幼儿园以"求和谐之真、养品性之善、创生命之美"为办园理念，致力于把"真善美"根植于师生内心。

泡桐树幼儿园的办园理念是"让每个生命自然生长"，遵守"尊重童真、走进童心、乐享童趣、共筑童梦"的原则实施幼儿园活动，作为一个新园，开园伊始，幼儿园就把"建构文化，定位发展方向，为师生打造精神王国"作为工作的重中之重，并提出了"乐业、进取、合作、感恩"的园风精神。幼儿园设计了自己的Logo，把绿宝作为自己的吉祥宝宝。

第五幼儿园的办园理念是"智慧学习，快乐成长"，以个性化教育，培养一个自主、自信的孩子；以本土化教育，引导一个会关心生活环境的孩子；以开放式教育，启发一个好学、充满智慧的孩子；以社会化教育，培养一个能沟通人际关系的孩子；以生活化教育，培养一个愿充实生活文化的孩子。

（二）注重专家引领

十六幼从2004年开始，就有四川师范大学的鄢超云教授对其进行专家支持，定期跟教师们进行研讨，给予理论支撑。让教师们实现从"看—看见—看懂"质的飞跃。从而逐渐培养出教师的游戏素养。

九幼的创意阅读活动邀请权威专家进行支持引领，通过六期的专业培训学习，让九幼的很多教师成了"绘本阅读指导师"，不但成长了自己，更为许多幼儿家长提供了帮助和专业指导。

（三）注重学习故事的撰写

十六幼为了保障游戏活动的顺利开展，注重对孩子游戏活动进行观察、解读和支持。倡导鼓励教师们在教学实践中进行"学习故事"的撰写，发现幼儿游戏中的学习。截至现在，教师们已经将大量的学习故事制作成为微课程。从这些微课程中，我们清晰地读出了教师在幼儿游戏过程中的发现、了解、观察和支持，他们提出教师是孩子的首席玩伴，只有会玩的教师才能培养会玩的孩子。此外，在十六幼的学习故事中，体现了教师的注意、识别和回应。注意就是对儿童学习的观察；识别就是教师对学习的分析、评价和反思；回应就是教师为支持儿童进一步学习制订的计划。

（四）注重幼儿园纪录片和宣传片的制作

不论哪个幼儿园，除了制作总的宣传片，还会把某项突出的特色活动制作成宣传片，如十六幼每年的工作总结都是以宣传片的形式呈现，形象而全面。

（五）活动与特色

十六幼开展走班游戏，实施混龄教育。让孩子们玩出回忆、玩出向往、玩出友爱、玩出发展；同时开展户外体育游戏，鼓励孩子通过适度挑战，玩出勇敢、玩出自信；在建构游戏中，变着花样玩耍，玩出精彩、玩出创造；装扮游戏中，鼓励幼儿替代表征，玩出想象、玩出自我。十六幼倡导教师们要做到"心中装着整体，眼中看到重点"，从而做到有方向性，左右活动不偏离目标，再就是不断提醒教师们要坚持、坚守，把每件事都做成精品。对于"基于儿童主动建构的课程主题从何而来"这个话题，十六幼从三个方面开展：一是幼儿自发产生的，即顺，顺应幼儿自发生成的课题；二是师幼共同引发的，即引，引导师生共同引发活动的主题；三是教师直接发起，即推，教师直接生成活动的主题。这些都是教师们在日常的工作实践中总结出来的金点子，在全园中贯彻实施，正是有了这些集体的智慧，为教师们提供了很多捷径，少走了很多弯路。

锦西幼儿园致力于培养亲自然、会玩耍、享生活、乐探索的儿童，设置

"锦西小世界",在户外为孩子们创设了丰富的活动区域;创设园刊《生命树》,提出了"顺木之天,以致其性"的理念(与我们集团的《园所建设别为特色而特色》中的理念高度一致),并从五个方面打造自然成长的园所环境;举办了多彩丰富的游戏活动。锦西幼儿园中有爱护生命的锦西教师、享受生命的锦西儿童、尊重生命的锦西家长。锦西幼儿园还特别注重"发现问题,解决问题"的工作方法,教师们通过还原一场问题的教研活动,让我们感受到了工作中遇到问题不可怕,可怕的是不想办法去解决。而锦西幼儿园的问题教研,让我们看到了集体教研的力量、集体的智慧、研讨过程中的个体成长和其对工作的推动力量。锦西幼儿园举办了一次针对游戏活动中记录本如何使用的教研活动,教师们在教研活动中积极踊跃地发言,引用《3—6岁儿童学习与发展指南》《幼儿园教育指导纲要(试行)》中的理论支撑本组或本人的观点,让我们看到了这是一支爱学习、爱研究、善辩论的优秀教师队伍,正是这样一支队伍,才把锦西幼儿园打造成了一个人人不愿离去的儿童乐园。

第九幼儿园有两大办园特色,一是创意阅读,二是早操。以"让阅读滋养生命"为文化引领,培养"爱阅读、好探究、善表现、乐运动"的儿童,从这个目标中,我们看出其囊括了五大领域的内容,其中包含了阅读和早操活动。在创意阅读活动中,幼儿园发起了"一本好书,两人共读,三周坚持,受益终生"的倡议,并开展了"21天行动计划、60天行动计划、90天行动计划"的精彩活动,让全员师生、家长共同参与阅读活动,掀起全民阅读的热潮。从"一个小角落、一个小书架、每天一本书"做起,注重家庭书香氛围的营造。在阅读活动中,实施常规活动"四个一":每天一推送、每周一漂流、每月一分享、每期一评选。九幼的阅读活动,既有深度的挖掘,如阅读策略的研究,又有外显的活动呈现,如图书袋(流动图书馆)。九幼的阅读活动从一个傻瓜模式转变成为每一个孩子量体裁衣,经历了一个不断发现问题、解决问题的过程,作为班级工作,从一个简单的绘本阅读延伸出了好多的活动,这是实现尊重儿童、尊重兴趣、建构新经验的有力途径。九幼的另一项特色活动是早操,既有徒手操也有器械操,既有准备活动也有整理活动，在整个早操活动中，根据幼儿的年龄特点，融合走、跑、跳、钻、爬等基本动作，九幼还根据幼儿园队列队形变化较强的现状，在早操编排中强化了队列队形的变化，让整个早操活动内容丰富、形式多样，成为师生最为享受的一种活动。

泡桐树幼儿园开展"基于儿童视角的幼儿园游戏场建构的实验研究"，实施全园混龄游戏的模式。

（六）环境打造

十六幼环境的打造中蕴含着内涵丰富的故事，例如锦·力；锦·貌；锦·趣；锦·囊；春·锦，把幼儿园的所有活动进行划分，在不同的区域中进行展示。固定公共环境的创设以"幼儿园思路为主，设计公司打造"相结合的形式进行，既高端又有童趣。大量使用毛毡，既便于作品展示，又美观大方。对于外部环境的打造，在设置多个游戏区域的基础上，更醒目的是通过种树种花，不仅为孩子创设了一个学习生活的乐园，也为教师打造了一个美丽的大花园。

（七）教师培养

锦西幼儿园实施项目认领的方式，鼓励每个教师勇敢承担幼儿园工作，以获取最快速度的成长。在锦西，虽然有园长、副园长、主任的行政分工，在工作分工上，却是平级的，本次所参观的五所幼儿园中，十六幼、锦西、五幼的接待工作全部由副园长或者保教主任负责和组织，而园长则外出参加其他活动。九幼的班主任带领孩子展示完早操活动后，立马就到多媒体教室进行早操编排的专题讲座，另外一名普通教师进行了创意阅读《绘本的奥秘》的专题分享；十六幼负责宣传的教师做了一场"幼儿园游戏质量管理"的分享报告；五幼的副园长和保教主任联合承担接待活动；只有泡桐树幼儿园是由园长亲自承担的接待任务。总之，不论哪个幼儿园的报告，理念都非常新颖、超前，思路非常清晰，框架非常巧妙，既有专家帮助提升的部分，又有对本园工作经验的呈现，例如十六幼汇报的"幼儿园游戏质量的管理"，总体分为四个部分：游戏发展的阶段、定位幼儿园各类游戏价值、教师游戏修养培养、构建幼儿园游戏课程体系。四个部分层层递进地呈现了十六幼游戏活动的阶梯状和螺旋状发展状态，在游戏发展阶段中，阐明了从教师游戏走向儿童游戏的过程、用丰富多彩的游戏舒展儿童心灵的过程、在心灵辉映中引领儿童发展的过程，每一个阶段都是教师实践工作的总结和提升，充分还原了教师对工作的研究、讨论和总结反思。

二、收获与反思

（1）可以先打造一所特色鲜明的幼儿园，关于其他幼儿园的打造则逐年实现。

（2）专家引领。尽快联系相关专家，对幼儿园的办园理念及活动进行理论支撑，从而促进教师的快速发展；对幼儿园的活动进行理论包装，推向高层次发展。

（3）继续鼓励教师进行教育故事的撰写，推动教师对幼儿游戏的观察、解读，从而实现更加科学有效的支持。

（4）各园的工作总结以宣传片的形式进行展示。教师的个人总结以分享教育故事或教学案例的形式进行。培养教师会观察、会解读的能力，同时培养教师能写、会说的能力，鼓励每个教师走上舞台、大胆分享。

（5）树立更加科学的儿童观。人的一生，其实都在不断地建构自我，孩子的童年只有一次，我们应该重新审视自己的理念，重新审视我们身边的每一个孩子，鼓励教师多读多学，树立科学的儿童观，才能科学观察、解读、回应和支持。

以"岛城之石"成就"菜乡之玉"

——赴青岛参加第八届园长大会有感

金秋十月，硕果累累。在秋风送爽的美好季节，山东省第八届园长大会隆重召开。2019年10月25日，文正教育集团一行九人在侯庆英副校长带领下，赴青岛参会。

青岛位于山东半岛的南部，濒临黄海，是我国重要的海滨城市之一，也是我国著名的风景旅游胜地和历史文化名城。青岛是个红瓦绿树、碧海蓝天的特色城市，在优秀文化的滋养下，青岛的学前教育也一直名列前茅，具有特色的名园更是让人心向往之，这些名园多年所积累的教学经验、教育理念、先进的教学模式，都是我们应该学习与吸收的。下面，我从四个方面谈本次学习的收获和反思。即：深度学习，教育价值的最终归宿；有法可依，学前教育的美好未来；赋能管理，园长管理的价值追求；浸濡学习，让理念在践行中落地。

一、深度学习，教育价值的最终归宿

摘要：碎片式管理培养不出完整的儿童，急促的教育只能让我们错过许多美丽风景。幼儿教育理应成为最轻松舒缓地享受美好生命的代名词，所以，慢下来，是幼儿园管理的当务之急。教师应学会放手，到后方为孩子提供脚手架，为孩子认知结构重组提供必备条件，搭建实现深度学习的桥梁。在与孩子牵手对话的每一个瞬间，尝试减法，学着留白，试试弹性，不以爱

第三篇 讲座学习

的名义无底线地付出，不让繁杂事务降低幸福指数。成为最好的自己，才能遇见更好的孩子！

收获与反思：会议第一天上午，我有幸聆听了南京师范大学王海英教授的题为《幼儿园一日生活中的深度学习》的报告。首先，王教授说，我们要学着做减法，注重两个前提条件、保持两种心情、讲好两种故事，即慢和有准备的环境、随缘淡定和适度敬畏的心情、此情此景的故事和连续的进阶故事。

首先，作为教师，特别是幼儿园教师，我们要用"牵着蜗牛去散步"的心态与孩子共同成长。例如在幼儿园作息时间的安排中，我们要避免线状安排，而要体现块状安排，给予孩子最大的自主空间，让教师不催促，让孩子不急促，在进行有节奏的、舒缓的活动前提下，适度紧张，这才是最美好的幼儿园时光。孩子只有在自主的空间内，才能遇到属于自己的真问题，解决真问题的过程则是孩子社会化进程的必要阶段。

其次，我们要有"化熟为生"的智慧，不要把孩子的问号变成句号，不要让问号孩子变成问题孩子，不要简单粗暴地回应，教师与孩子的对话应该能够引发孩子的探究。例如，不论是在游戏组织还是在集体教学组织的过程中，我们要鼓励教师学会做有价值的追问、回应和提升，只有这样，才能帮助孩子建构起新经验，才能帮助孩子实现成长价值。

在讲课中，王教授还对于一个个真实案例进行了解读，例如"我是天气播报员"，充分体现了教师放权和赋权的重要性与必要性，也充分说明了，孩子的深度学习其实就是认知结构的重组。在这个过程中，不要告诉孩子哪里出现了错误，而是引导孩子自己发现错误，通过自己发现、验证、纠错，实现学习探索的目的。我们要相信孩子的最近发展区是孩子自己发现的，我们负责为孩子提供脚手架，而不是替他们建房子；我们为孩子提供工具箱，而不是给他们找工具；我们不要总是手中拿着榔头，到处找钉子……教师要做高质量的陪伴者，要授之以渔而不是授之以鱼。《甘蔗有多高》这本书告诉我们，孩子的年龄特点决定着孩子的学习方式，那就是直接感知、实际操作、亲身体验和亲近自然。

最后，王教授又对如何推进幼儿的深度学习进行了详细阐述和解读。孩子不是牵在我们手里的木偶，我们要学会为孩子留白、适当弹性和鼓励选择，让孩子深刻感受到他们的存在感、认同感和被信任感。作为教师，我们要善于把我们的资源转化成孩子的资源，给儿童做加法，做角色的加法和责任的加法，给教师做减法，做角色的减法和责任的减法。我们要把孩子第一次学习的结果变成他们二次探索的对象，然后不停地循环。哲学家叔本华曾经说过，任何人的脑袋都不要成为别人思想的跑马场，我们要学着放手、学会放手，给予孩子最大的自主探索的机会和空间。

二、有法可依，学前教育的美好未来

摘要：2018年，山东省人大对学前教育开展专题研讨，并将学前教育立法纳入2019年一类立法计划。终于，在2019年9月27日，恰逢中华人民共和国70周年华诞，《山东省学前教育条例》（以下简称《条例》）经省第十三届人大常委会第十四次会议审议通过，并于2020年1月1日起正式施行。《条例》中干货满满，按照"普及、普惠、安全、优质"的八字方针，保证学前儿童有园上、上得起、保安全、高质量；保证公办幼儿园及民办普惠园占区域内幼儿园总数的80%以上。山东省还作出配套规定，将生均财政拨款标准提高到每年710元；使城镇居住区配套幼儿园规划建设及管理使用形成制度闭环；不断提高教师待遇，保证队伍稳定；不断解决热点、难点、痛点问题；明确制度卡口，形成制度链条，用有温度的资金，办有良心的教育。为山东点赞，为所有关心学前教育发展的各级政府及专家点赞。

收获与反思：《条例》的实施，是山东学前教育发展里程碑，标志着我省学前教育从此有法可依。王春英处长从《条例》制定的必要性、可能性、内容和亮点等方面对其进行了解读，中间也涉及了《条例》的制定背景、过程、愿景等内容，特别是总则第六条，"县（市、区）人民政府应当履行本行政区域学前教育发展的主体责任"一条中，把本来没有涉及的"教师配备"纳入其中，充分说明了政府对幼儿园教师的重视，把师资队伍当作了办好学前教育的第一要素，也让我们嗅到了省政府在解决入园难、入园贵实际

第三篇 讲座学习

困难的基础上，不断提升园所内涵发展的迫切愿望，让我们再次看到学前教育的春天来临。

三、赋能管理，园长管理的价值追求

摘要：我一直认为，管理的重点不在管，而在理。遇到问题疏而不堵就是好的管理。赋能其实是对传统管理模式的创新。对事要管理，对人则要赋能与激活，赋能的本质是相信人一定能行，并使人发挥潜能。作为管理者，不但要对自己赋能，更要对组织赋能，让自己不仅仅成为一束光，更要成为光源，实现每个管理者与教师的共情、共融，努力做一眼清泉，滋养团队更快成长。

收获与反思：27日上午，有幸聆听东北师范大学张向葵教授《赋能与激活》的报告。教授从两个方面对本课题进行了阐述：为什么是赋能和激活？如何进行赋能和激活？

（1）从管的本质谈赋能的本质。在所有的组织机构中，管理都是存在的，但是管，却不符合人的自由、惰性本性，管得越多，人越反感、越抵触。那么，怎样管才让人服从呢？报告提出了管的两个维度，即科学和艺术。对事要管理，对人则要赋能与激活。其又提出赋能的本质是相信人一定能行；激活的本质是使人发挥潜能。在赋能的本质中，相信员工能够做正确的事，引申出做正确的事（价值导向）和正确地做事（能力导向）两个概念。最后从思想、动能、权利、态度四个方面达成赋能的目的，让"I can do it"变成"You can do it"。

在激活这个板块中，报告从激活的含义、激活的策略进行了阐述。提出了奖励是积极的激活的重要方法，奖励不是交易而是以心换心，要在个人目标和组织目标中找到一致的点，达成共识。同时引用了"管理方格理论"，鼓励管理者做9.9型管理者，既要关注教师，又要关注组织目标。

（2）对于如何赋能与激活，教授从为自己赋能和为组织赋能两个方面进行了阐述。为自己赋能既是激活自我成长的需要，也是开拓自我学习的途径，要求我们做好时间管理。为组织赋能则要求我们思考，我能为幼儿园贡

献什么；怎样将思想落实到工作实际中；为幼儿园留下点什么。在"做有思想的园长，做有文化的幼儿园"总体目标下，树立大教育观，懂人性、懂幼儿，才能做好人的教育，做好幼儿园教育。作为管理者，要相信教师也有最近发展区，要注重发掘人的优势和特长，保育工作注重勤、技、能；后勤工作注重细、特、效；教师注重老、中、青。要充分挖掘教师之间相互赋能与激活的能力，不要害怕竞争，而要合作卓群。面对不断变化的孩子，注重工作的创新，新就是破，破就是立，立就是发展。

四、浸濡学习，让理念在践行中落地

摘要：人的一生，其实都在不断地建构自我、孩子的童年只有一次，我们应该重新审视自己的理念，重新审视我们身边的每一个孩子，鼓励教师多读多学，树立科学的儿童观、教育观、课程观，用"活游戏"的理念引领教师的专业成长。会玩的教师才能带出会玩的孩子，才能科学观察、解读、回应和支持孩子。

我参观的路线是第九路线，参观园所是文化路幼儿园和滨海中心幼儿园。

文化路幼儿园的教育特色是"幸福教育"，办园理念是"幸福育人，育幸福人"。28日上午，幼儿园同时开放户外区域和室内区域游戏活动。进入幼儿园，孩子们在不同的区域内开展游戏活动，游戏区域的优势主要体现在：材料丰富且创新使用，区域划分科学合理，孩子的参与性高，角落充分利用。特别是在搭建区，幼儿园为孩子们提供了真实的玉米棒，形状不规则而且光滑，操作比较有挑战性，孩子们依旧玩得不亦乐乎。打地鼠区域中，幼儿园购买了新型可伸缩的套筒，材料的有趣性也是激发孩子游戏热情和兴趣的重要因素。我们应该时刻站在孩子的角度去思考问题，认真研究孩子，正确分析与解读孩子，从而有效回应，给予孩子成长的力量。

滨海中心幼儿园充分发掘当地资源优势，确立了独具地域特色的"融合发展，和合共生"核心文化理念，幼儿园处处体现海洋蓝特色，包括幼儿服装、游戏材料等。幼儿园的游戏活动与社会生活紧密衔接，例如利用园门口就是地铁线的优势，将地铁线融入幼儿的搭建作品中，幼儿的搭建作品可以横跨沙水池，进行创意想象；将多个轮胎合并在一起，制作成滚筒；将渔民使用的各种浮子、鱼漂等当地特色物品丰富到游戏材料中来，让孩子深刻感受当地物资的丰饶。

总之，通过现场观摩，两所幼儿园的共通之处是：一是环境有文化，二是材料很丰富，三是游戏常态化。

三天的学习活动，我们的收获颇丰。不仅专业知识获得了提升，重要的是我们从青岛西海岸新区学前教育事业的蓬勃发展态势和各位专家严谨治学、精益求精的精神中，汲取到做事做人的宝贵经验，这些都将成为我们今后付诸行动的坚实动力。"他山之石，可以攻玉"，今后，我们将在学习借鉴的基础上，凭借"先进的教学理念、优秀的教师队伍、规范的课程设置、专业做幼教的姿态"，将文正教育集团打造成为省内乃至全国有名的专业幼教品牌！

梦已起航，未来可期！

第四篇

感悟思考

蹲下来讲话，抱起来交流，牵着手教育

今天上午观看了李燕博士《对3—6岁儿童行为的观察》的讲座，我们了解了幼儿的四种社会行为：攻击性、合作性、依赖性、自主性，更加明白了建立观察记录对于教师发展、幼儿成长是一项重要措施。

【案例】

观察对象：文文

基本特征：文文小朋友热爱劳动，聪明能干，精力旺盛，很活泼。但他很好动，爱做小动作。

观察教师：张老师

观察时间：2011年10月25日

观察实录：

观察1：早操时，小朋友都认真地做着操，他却装成"打醉拳"的样子，东倒西歪的，一会儿碰碰这个小朋友，一会儿摸摸那个小朋友……

观察2：喝水时，他常常把小朋友往旁边推，自己挤进去，有时还故意用杯里的水泼小朋友。

观察3：玩玩具时，文文常常抢小朋友的玩具，玩够了就把玩具扔得到处都是……

观察4：日常活动中，文文常常把椅子靠背放在前面倒着坐，有时把椅子当跷跷板，跷着跷着就连人带椅子摔在地上，我走过去扶起他，告诉他一些规则，但过一会儿，他还是我行我素。

【行为特征及原因分析】

案例中，"文文是一个热爱劳动，聪明能干，精力旺盛，很活泼"的孩子，在教师的眼里，文文是一个不错的孩子，得到了教师充分的肯定。其实，像文文这样的孩子，在每个幼儿园、每个班级中都有，那么，在四个不同的场景中，文文为什么出现这样的表现呢？就个人观点而言，我觉得有以下几个原因。

（1）文文的家庭教育中可能存在一定的问题，例如父母经常不在身边，缺乏亲情的沟通。隔辈带大的孩子，在心智的发展上会与同年龄段孩子有所差别。所以，文文可能在教育上有断层。

（2）文文在教师的眼里，首先不是一个让人"讨厌"的孩子，即使出现如此的情形，教师对文文的评价还只是"他很好动，爱做小动作"，但这样的孩子显然不像其他听话的孩子一样能得到教师的更多喜欢，所以，文文这样做的原因还可能是想引起教师和其他小朋友的关注，这也是小年龄段孩子的心理特征之一。

（3）文文不认为这种行为对别人造成了不便，而是把自己的这种行为当成了一种"游戏"，他用这种方式去跟别的小朋友示好，但是因为其年龄较小，认知尚不清晰，导致了这种现象的发生。这种心理特征就像是孩子不是真的说谎一样。他们把想象中的东西和现实产生了混淆和冲突。

【教育建议】

（1）首先，作为幼儿园教师，应该通过不同形式的家访活动，与家长取得沟通，得到家长的认同，了解文文的家庭教育背景，了解孩子在家的表现，与家长取得认识上的一致，共同担负起教育孩子的责任。

（2）在幼儿园中，教授应该在不同的活动中，多给予文文关注，例如鼓励文文多在集体面前表现，多为班级和小朋友做力所能及的服务工作，取得教师和小朋友的喜欢，建立起同他人正确沟通的基础。

（3）作为教师，面对文文的表现，不要粗暴简单地进行制止，而是想办法、想策略进行帮扶。

（4）利用班级教导会的形式，与班级教师共同商讨文文的教育问题。教师应该建立起"特殊幼儿跟踪记录"，对出现问题的孩子进行跟踪，并立即想办法解决，不能"秋后算账"。孩子出现了问题，马上进行处理，这种形式是最有效的。

（5）教师的关爱，也是对特殊生进行有效帮扶的灵丹妙药。一个微笑、一个鼓励的眼神、一个拥抱，哪怕是无意识的一个牵手，都是改变一个孩子的好办法。

在我们幼儿园，我们的教育理念是"像对待自己的孩子一样对待每一个幼儿""小草和鲜花都有享受阳光的权利"，从家长把孩子交给我们的那一瞬间起，我们同时接过了家长的托付和信任，公平公正地对待每个孩子，是我们为人师者的天职！

让"蹲下来讲话，抱起来交流，牵着手教育"成为幼儿园最亮丽的风景线！

还给孩子游戏童年

一、案例

《老师，以后我们再也不玩了》这个案例讲述了一件这样的事情：孩子们喜欢玩，经常因为玩而无心上课，教师便突发奇想说"让你们玩个够，看你们还玩不玩"。接下来的时间，她对那些喜欢玩滑梯的小朋友说"你们可以尽情玩，老师绝对允许！""噢——"孩子们高兴坏了。起先，孩子们玩得不亦乐乎，下课了还赖在那里不肯走。第二天，教师又让他们继续玩。过了一段时间，有些玩累了的孩子不想玩了，又过了一段时间，连最爱玩的两个孩子也累了，教师心中窃喜，趁机教育说："那以后还玩不玩？"两个孩子终于彻底受降："老师，我们以后再也不玩了。"后来，这些孩子再也没有动过去玩滑梯的心思，上课的时候也很认真。看完这个案例后，首先，我的心里感到非常难过，一是为了这群天真烂漫的孩子难过，难过的是，本来以玩为天性的孩子，竟然再也不想玩了；二是为了这个武断的教师难过，难过的是，作为一名幼儿园教师，她竟然用这种方法剥夺了孩子玩的权利。

二、教师教育行为及观念深层原因分析

案例中，这位教师的观念是极其陈旧，甚至是错误的，《幼儿园教育指导纲要（试行）》中明确指出，"幼儿园应以游戏为基本活动"，而案例中出现的"孩子经常想玩而无心上课"这种现象，我想，最根本的原因不在于孩子，而在于教师，有句话说"没有教不好的孩子，只有不会教的教师"，

导致孩子对教师组织的集体教学兴趣索然的原因，是这位教师没有从"教为主导、学为主体"的角度出发，在集体教学中，没有树立起"游戏为基本活动"的理念，可想而知，这位教师的集体教学活动是单调的、枯燥的，只是一种简单的口授活动，确定的教学目标空而大，没有考虑孩子的现有水平和最近发展区，师生互动存在很大的缺陷。孩子没有玩的权利、没有动的环节设计，导致出现孩子们对集体教学没有兴趣、特别想出去玩的现象。

其次，这位教师面对孩子特别想玩的现象，没有从自身找原因，而是简单决定"让你们玩个够，看你们还玩不玩"，最终导致了孩子们"再也不想玩了"这种现象和后果。这位教师没有从幼儿的年龄特点出发，不了解孩子的玩的天性，而是"突发奇想"，简单的方法背后，肯定需要付出"惨痛的代价"，这个代价就是，抹杀了孩子玩的天性。这位教师在这个办法中，用行为主义的手段和方式，对孩子玩的行为进行了控制，让孩子产生疲劳，让孩子原来喜欢的事情，成为一种厌恶刺激，进而让孩子产生了恐惧心理，让本来喜欢玩的孩子，竟然再也不想玩了，这种后果是极其严重的。所以说，这位教师的教学行为和观念是陈旧和错误的，应该在以后的教学实践中加以改进。

三、给这位教师的建议

首先，这位教师应该认真学习《幼儿园教育指导纲要（试行）》及其他的教学指导文件，丰富自身的理论知识，更新教育教学理念，认识孩子的年龄特点和认知特点，以更好地服务孩子，给孩子们提供最优质的教育。

其次，在教育教学中，特别是对低年龄段的孩子，作为幼儿园教师，需要付出得更多，跟孩子"斗"，是需要智慧的，而不能简单粗暴地解决，如大禹治水一样，面对孩子们出现的问题，我们要"疏"而不是"堵"。班里的孩子个性迥然，需要我们教师们因材施教，记得原来班里有个偏食的孩子翔翔，对他我便采取了循序渐进的方法，他不喜欢吃鸡蛋，便从"只吃一口"开始，下周就"能吃两口"了，这个过程中，孩子能体验到自己成功和进步的喜悦，随着时间的推移，便逐渐地改善了偏食的不良习惯。还记得在一次培训中听过一个案例，"绝对绝对不吃番茄"，故事中的孩子从原来什么都不吃，到最后要东西吃，就像我们平时所说的，从"让我学"到"我要学"的转变，是需要我们的智慧的。本案例中的教师，面对孩子们出现的"不认真上课，特别想出去玩"的现象，应该从自身找原因，是不是集体教学活动的设计有问题？是不是教学目标的制定太简单或者难度过高？教学设计中，没有游戏的环节？集体教学中师幼互动有问题？甚至是不是教师自身的教育行为，例如语言、体态等存在需要改进的地方呢？

最后，在幼儿园一日活动安排中，集体教学活动不能过多，应该把大量的时间放手给孩子，多设计区域活动，多给孩子自主游戏的实践机会，让孩子们玩的天性得以释放。

四、"再也不玩了"心理现象分析

本来是玩的年龄，却产生了"再也不玩了"的心理现象，这是一种对玩"厌恶、恐惧"的心理，孩子们对于玩，从"喜欢"到"厌恶、恐惧"，这个过程中，教师解决问题的方法存在很多的不妥。有这样一种现象，很多人对于某种原来非常喜欢吃的食物因为一次过度的食用，而导致再也不想食用，从原来的"喜欢吃"到后来的"不想吃"，最根本的原因就是"受伤"了，所以，本案例中，孩子们也经历了一次"受伤"的过程，这位教师所用的这种"厌恶疗法"，让孩子们受伤颇深，如果想继续让这些孩子回归童真，真的需要教师们永葆一颗童心和爱心，做孩子们的知心朋友，走进孩子们的内心世界，去感受和倾听孩子们的心声，只有这样，才能成为孩子生活中的父母、游戏中的朋友、学习中的教师！

化蛹成蝶　历练生命

——校级团建演讲材料

"什么使你痛苦，什么就使你强大"，在这次西点执行力培训中，让我感触最深的就是这句话了。在培训前，我对很多的痛苦点只是一味地逃避，在令我痛苦的事情面前除了抱怨就是畏惧。通过培训，我知道了，痛苦的事情也许就是促使我走上成功道路的支点，我要善待痛苦，正确看待痛苦，勇敢面对痛苦，让痛苦成为我不断提升和发展的动力源泉，在痛苦中获得成长。

一、军训的严格让我在痛苦中坚强

席慕容曾说过：一朵孤芳自赏的花只是美丽，一片互相依偎着而怒放的锦绣才是灿烂。"凝心聚力重塑自我，共建教育西点军校"，高昂的口号，恢宏的气势，满含着学校领导的用心良苦。与其说是军训，不如说是一次生命的历练，是一次打碎自己、重塑自我、破茧成蝶的神圣历程。

有人说，辛苦后的收获是加倍的快乐，尽管每天烈日当空、热气逼人，体育馆内的我们依然挺胸收腹站军姿。汗流下来了，喉咙干了，腿麻了，脚肿了。军规22条，我们熟记在心、倒背如流；教师军规22条，我们灵活运用、坚决落实；风采展示中，我们群情激昂、豪气冲天；"PK"游戏中，我们齐心协力、活力四射；餐厅内，我们满怀感恩、鞠躬致谢。我们拥有三岁儿童的活泼、十八岁青年的朝气，我们也拥有老者的经验和智慧，每当走进训练场地，所有人都忘掉了自己的身份和年龄，在我们的军姿队伍中，每天都能看见局长、校长、教官和所有工作人员，他们的军姿同样英姿飒爽、威风凛凛。军训也有乐，雄壮军歌为疲倦的身体增添了力量，感谢在军姿时间为我们准备优美的音乐套餐的人，一首《朋友》，让我们知道无论有多少困难，总有朋友去关心帮助你；一首《在路上》，让我们明白只要我们相互搀扶、相互鼓励，人生路上的坎，迟早都会过去。

经过一番磨炼，我们的意志会显现坚强的轮廓。经过这次艰苦而又难忘的军训，我们多了份坚强、多了份自信、多了份勇往直前。我们手牵着手、心连着心，坚持、坚持、再坚持，只要我们有坚强的意志、坚定的信念，就一定能战胜自己。军训使我们以坚强为信念，努力成为生活的强者。

今天，我们一起经历风雨、承受磨炼；明天，我们一起迎接绚丽的彩虹。苦，让我们一起珍惜现在的甜；累，让我们体验到超出体力极限的快感；严，让我们更加严格要求自己，增强了我们的团队执行力。

在大风大浪中心如止水，在惊涛骇浪中胸有成竹。美丽人生是机遇和汗水的结合，是勇敢和智慧的结晶，让生命的书页，永远记住这点燃过心灵的军训历程。通过享受这次军训大餐，在新的学期中，我们能更加自信地面对我们的孩子们，让他们领略到我们更加迷人的风采，让家长坚信：孩子交给我们，还有什么不放心的呢？

二、 理念的更新让我在痛苦中收获

"为什么而学比学什么更重要""不当乘客，当司机""不做负债，做资产""做好放大镜，不做大气层""世上没有垃圾，只有放错地方的资源"，一句句超前的理念，让我耳目一新，更掀起了我内心的波澜。接受新事物是一个让人痛苦的过程，把旧的理念和习惯抛掉，必须有自我改革的勇气和重生的决心。在我们的内心，都有一个舒适的区域，那是我们最温暖的地方，但也是阻碍我们不断前进和提升的绊脚石。对于舒适的地方，我们也要勇敢打破。先进的理念，是我们前进路上的指明灯，更是我们的良师益友。我将用所学习的先进理念指导我的教学工作，让我的孩子和我在超前理

第四篇 感悟思考

念的指导下共同成长。

三、激烈的"PK"让我在痛苦中成长

当今社会，危机四伏，竞争无处不在，培养竞争型人才显得尤为重要。"摸气球""传戒指""背后投球"，一系列高难度的"PK"游戏，让我们凝聚了团队精神，提升了团队的素质，让我们明白了永不放弃、只要第一。难忘"蜈蚣爬"的游戏，很多团友的膝盖严重受伤、鲜血直流，但他们忘记了所有的疼痛，因为团队是他们心中最大的牵挂，终点是他们心中唯一的目标。是啊，有了这样优秀的队员，相信，真正的蜈蚣也爬不出我们的精彩。苦并不可怕，关键是坚持，坚持才能去克服。亮丽的舞台上也留下了我们精彩的演讲，铿锵的语调、激情的文字，见证了每位教师的成长，登上舞台也许对某些教师而言是痛苦的。但是，只要我们敢于挑战自我，我们就拥有了更大的自信、拥抱了真正的成功。

四、西点的打造让我在痛苦中重生

在嘹亮的军号中，我们踏着整齐的步伐出操；在响亮的歌声中，我们行走在校园的小路上。餐厅内，留下了团友们节俭的身影；训练场上，见证了我们团结奋进的激情。张顾问的博学演讲、郑教官的妙语连珠、韩教官的精彩报告，都是值得我珍藏一生的精神财富。九型人格、九段教师、时间管理、有效沟通、礼仪训练、阿甘精神，让我遨游在西点倾情打造的理论海洋中。是啊，原来的旧我已经破碎，一个崭新的自我再次诞生。人的一生，犹如鹰的一生，在我们的生命中，有时候必须做出困难的决定，开始一个重生的过程，我们必须把旧的习惯、旧的传统抛弃，使我们可以自由地飞翔。只要我们愿意放下旧的包袱，愿意更新旧有的技能，我们就能发挥我们的潜能，创造我们崭新的未来。

我是一只蛹，我已经有了飞翔的勇气，相信我会挣脱舒适的茧，翱翔在亮丽的天空。

狼群中的"领头马"

"只有完美的团队，没有完美的个人"，在激情飞扬的野狼团中，每个可爱的队友都用自己近乎完美的表现对这句话做出了完美的诠释。在我们团，有一个充满热情、激情和温情的"领头马"——马宗国团长。

在竞选团长的时候，我对这一职务的认知非常单一，感觉团长就是一个团队中跑龙套的，做到上通下达就好，而最近几天的经历，让我重新认识了团长工作的辛苦和繁杂。比如开营前的各项准备工作，团长要参与团名、团呼、团旗、团徽的制定工作，还有各种文字材料的修订工作。可以说，在开营之前，他是团队的"幕后英雄"，而开营后，他就成了团队中冲锋陷阵的先锋，他用高度负责的态度演绎着自己对团队的热情、激情和温情。

热情的马团——训练的日子很苦，特别是对于做教师的我们来说，短短的两天已经让我们有点体力不支，有时候碰到同事话都懒得说一句，只是打个招呼擦肩而过，但是每当走在路上，碰到马团，他都热情地邀请每一个步行的教师搭他的便车，用他的热情感染着每一个与他同行的人。

激情的马团——马团的激情从不轻易外泄，但是训练场上最激昂的声音永远都属于他，以至于一天下来，他的嗓子便"宣布牺牲"，但他仍用自己的行动指挥着整个团队的协调，激情不减。

温情的马团——训练场上永远都是无情的，在做体验游戏的时候，所有团员的膝盖都受伤了，第二天的时候，马团便悄悄地给团队带来了消毒的碘伏，吃饭的时候，他会静静地站在一边，最后一个吃饭，而且，每个队员离开后，他都会把饭桌擦拭得干干净净。

　　有句话说，在管理工作中，一定要轻管理、重服务，我们的马团正是用自己的行动诠释了一个管理者的职责。

性格决定命运

  观看了陈浪教授主讲的九型人格视频资料后，我对人的性格有了更进一步的了解。九型人格（Enneagram），又名性格形态学、九种性格，它是近年来备受美国斯坦福等国际著名大学推崇且现今最热门的课程之一，已风行欧美学术界及工商界十几年。全球五百强企业的管理阶层均有研习九型性格，并以此培训员工、建立团队、提高执行力。

  通过学习，我知道了人格可以分为九种，分别是完美型、助人型、成就型、自我型、理智型、忠诚型、活跃型、领袖型和和平型，九型人格不仅是一种精妙的性格分析工具，更主要的是为个人修养与自我提升、历练提供了深入的洞察力。与当今其他性格分类法不同，九型人格揭示了人们内在最深层的价值观和注意力焦点，它不受外在行为的变化影响。它可以让人真正地知己知彼，可以帮助人明白自己的个性，从而完全接纳自己的短处、发扬自己的长处；可以让人明白其他人具有不同的个性类型，从而懂得如何与不同的人交往沟通及融洽相处，与别人建立更真挚、和谐的合作伙伴关系。

  通过学习，本人有如下体会：

  （1）性格没有好坏之分，但是有健康和不健康之分，没有哪一型比较好、哪一型比较差的绝对价值观。事实上，每一型的人都各有其优缺点。

  （2）了解你自己和别人的人格类型后，不能对号入座拿自己的类型做标准而划地自限，因为每一型的人也都会朝向健康或是不健康的方向，而产生的不同变化。

  （3）九型人格是一张详尽描绘人类性格特征的地图，是我们了解自己、认识和理解他人的一把金钥匙，是一件与人沟通、有效交流的利器。要接受性格的差异性，学会理解，让自己同其他人更好地交流才是真正的目的。

（4）"没有完美的个人，只有完美的团队"，因为不同，才会让我们的世界缤纷灿烂，因为不同，才能创造出更多的精彩。要用互补的优势，创造更大的价值。

性格决定命运，所以，我们要针对自己性格中不健康的部分，进行改善，而不是改变，让自己拥有更加阳光的心态和辉煌的人生。

永远走在时间的前面

在我们的工作和生活中，有太多的不公平，但是在时间面前，我们人人平等，从今天上午的学习中我们也明白了所有的成功者和不成功者，他们最大的区别就在于思考模式和时间管理方式的不同。从上午的分析中，我们还可以得知，人的一生中，只有3年多的时间用于工作和创造，是啊，时间本身不能改变，但是合理利用和分配时间将对我们的工作和生活起到极其重要的作用，我们在以后的工作中，不能做时间的奴隶，要始终走在时间的前面，把握住时间的价值，就把握住了人生的价值。为了让自己的一生更有意义，发挥出更大的价值，今后我将对自己的时间管理作以下改进。

（1）首先是根据自己的工作性质和作息规律，制定每日事项记录表，一份放在单位，有效促进工作，一份放在家中，合理安排生活，并根据这个图表，绘制出时间效率曲线图，以此不断反思自己在时间管理方面的得与失。从上午的学习中，我们知道，"目标是刻在石头上的，计划是写在沙滩上的"，在实施的过程中，我会根据事情情况对计划进行修订，以促进计划更好地实施和目标更好地完成。

（2）统筹安排合理利用时间。事先对各种计划中的工作进行统筹安排，能同时完成的，不等待，不拖延。

（3）时间管理最大的阻碍是"拖延"，所以，我将像根除毒瘤一样，把自身存在的拖延、等待等不良习惯彻底改正。今天的事情今天做，今天能完成的绝不放在明天做，向时间要效率。

（4）用好管理时间的绝招——象限分析法。对待时间，要像守财奴一样

第四篇 感悟思考

经常清点，记录好每一笔时间支出，要坚持做那些重要而不紧急的事情。

（5）学会使用甘特图。

鲁迅说过"时间就像海绵中的水，只要愿挤，总还是有的"，在以后的工作中，要少抱怨、多行动，合理利用好每一分、每一秒，让自己的人生从此变得与众不同。

承担责任成就人生

"责任高于一切，成就源于付出"，强烈的责任感，是一个人最起码的品质！

责任无处不在，存在于生命中的每一个过程。作为父母，有抚育儿女的责任，作为儿女，有赡养父母的责任；教师有教育学生的责任，学生有尊师好学的责任；医生救死扶伤，军人保家卫国，因为责任，我们的社会和平而安定，因为责任，我们感受着和谐和美好。

桥吊工人许振超在普通岗位上创出世界一流的"振超效率"，乡邮员王顺友二十年如一日在大凉山中用脚步丈量工作的苦乐，公安卫士任长霞以炽热情怀书写执法为民的人生壮歌，还有在震惊世界的"5·12"汶川大地震中创造奇迹的刘汉希望小学、把责任看作同生命一样重要的叶志平校长……从中，人们无不感受到一种品格、一种境界，这就是他们对国家、对人民、对事业的责任感。

作为一名班主任和级部管理者，应该切实认识到"责任胜于能力，责任就是机遇"，在责任面前，没有假如，没有借口，只有结果。只有在工作中树立起强烈的责任心，为自己、为学生、为家长、为学校、为社会百分百负责任，才能开拓出更加广阔的未来。在新的学期里，我将像关爱自己的孩子一样关爱每一个幼儿，坚决贯彻世纪学校"世纪无差生，生生都灿烂"的教学理念，让小草和鲜花都有享受阳光的权利，让每一个孩子都享受到童年的快乐和幸福，让孩子开心，让家长放心，让社会满意。

负责任的最高境界是，明白别人的期望，并努力做到。我郑重承诺：我将以责任为前进的支点，在承担责任中，成就美丽人生。

第四篇 感悟思考